Cachinhos de Ouro

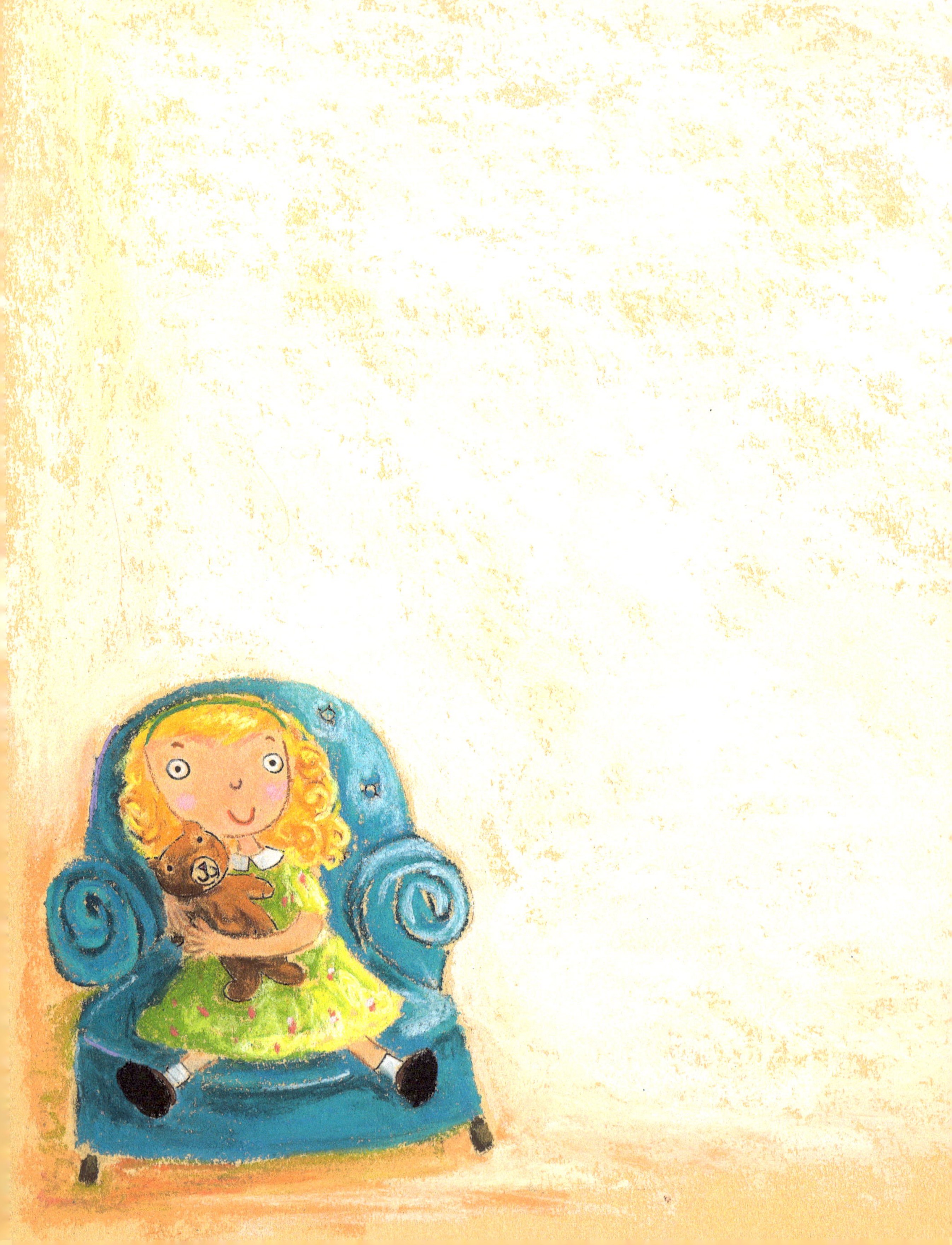

Cachinhos de Ouro

Recontado por

Ana Maria Machado

Ilustrações de

Ellen Pestili

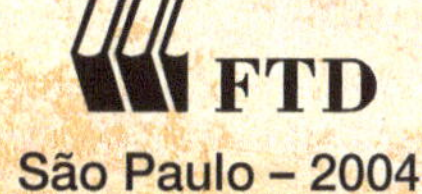

São Paulo – 2004

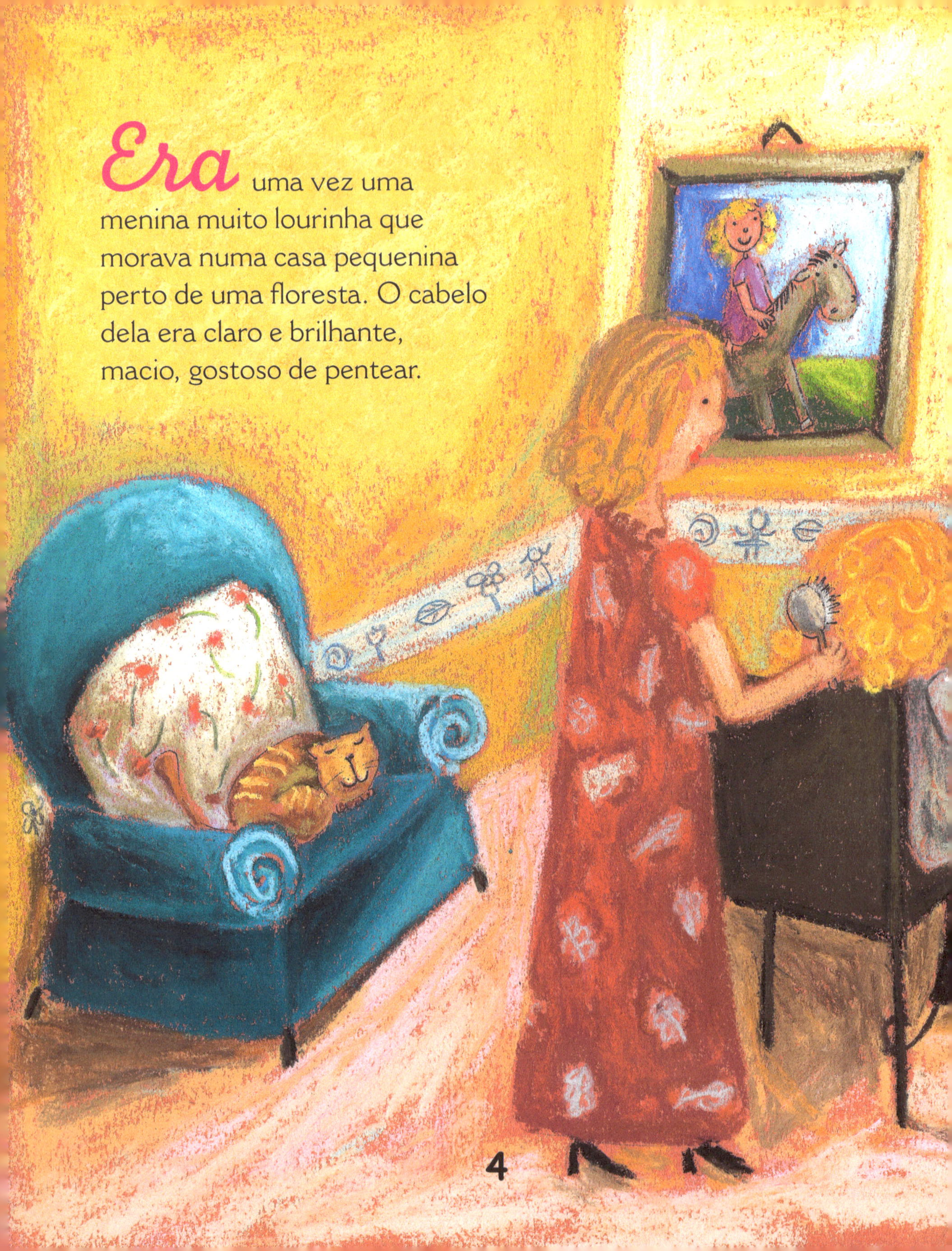

Era uma vez uma menina muito lourinha que morava numa casa pequenina perto de uma floresta. O cabelo dela era claro e brilhante, macio, gostoso de pentear.

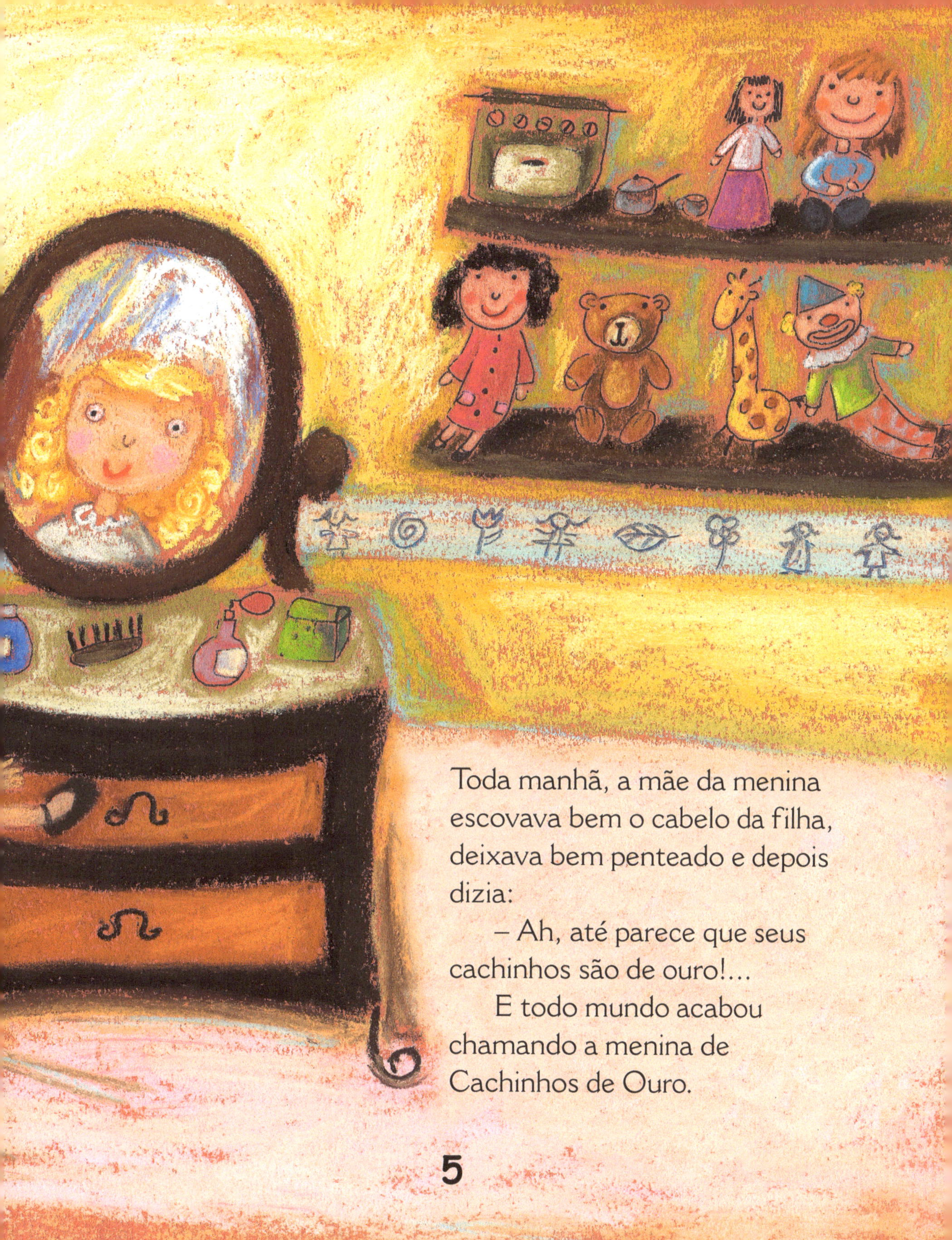

Toda manhã, a mãe da menina escovava bem o cabelo da filha, deixava bem penteado e depois dizia:

– Ah, até parece que seus cachinhos são de ouro!...

E todo mundo acabou chamando a menina de Cachinhos de Ouro.

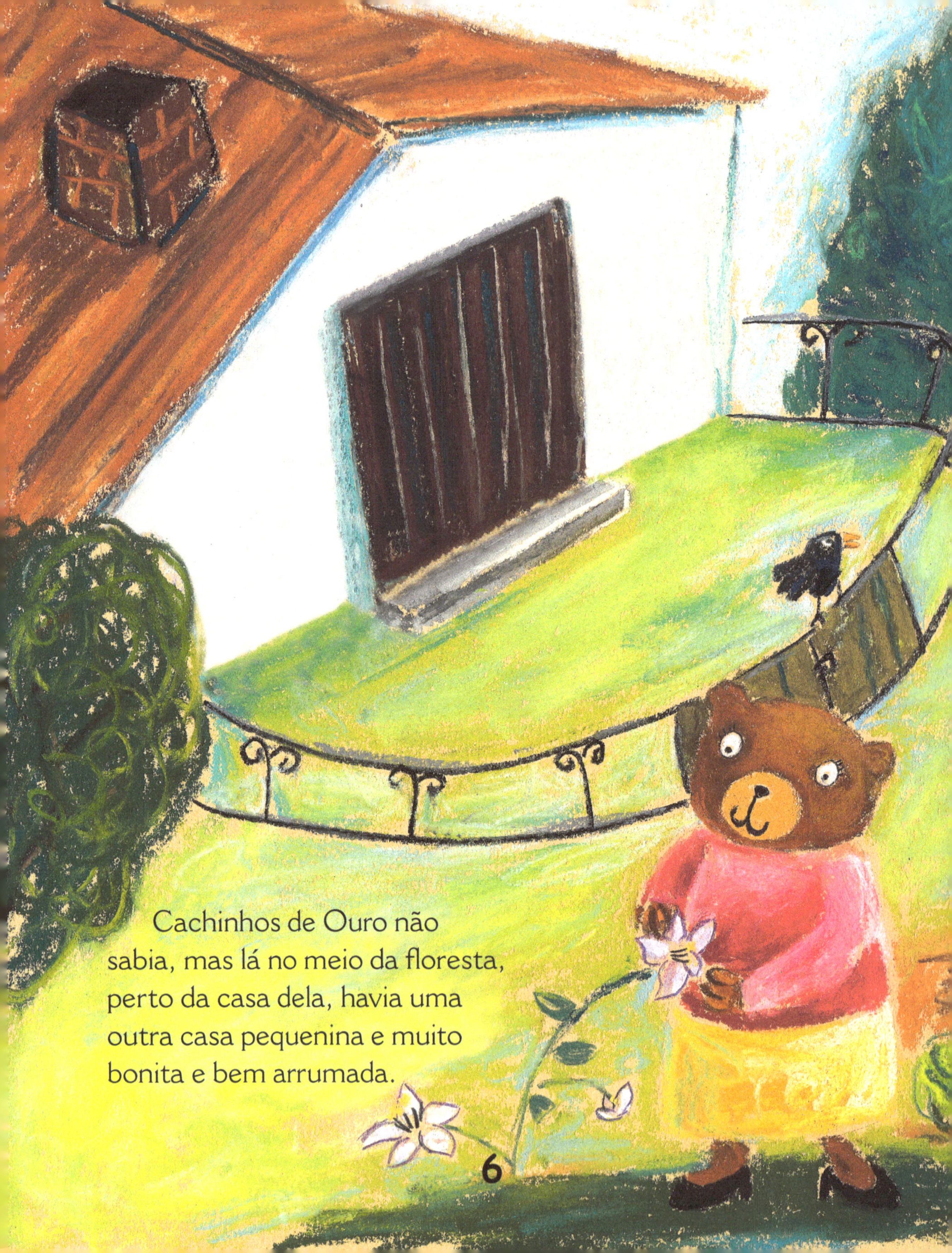

Cachinhos de Ouro não sabia, mas lá no meio da floresta, perto da casa dela, havia uma outra casa pequenina e muito bonita e bem arrumada.

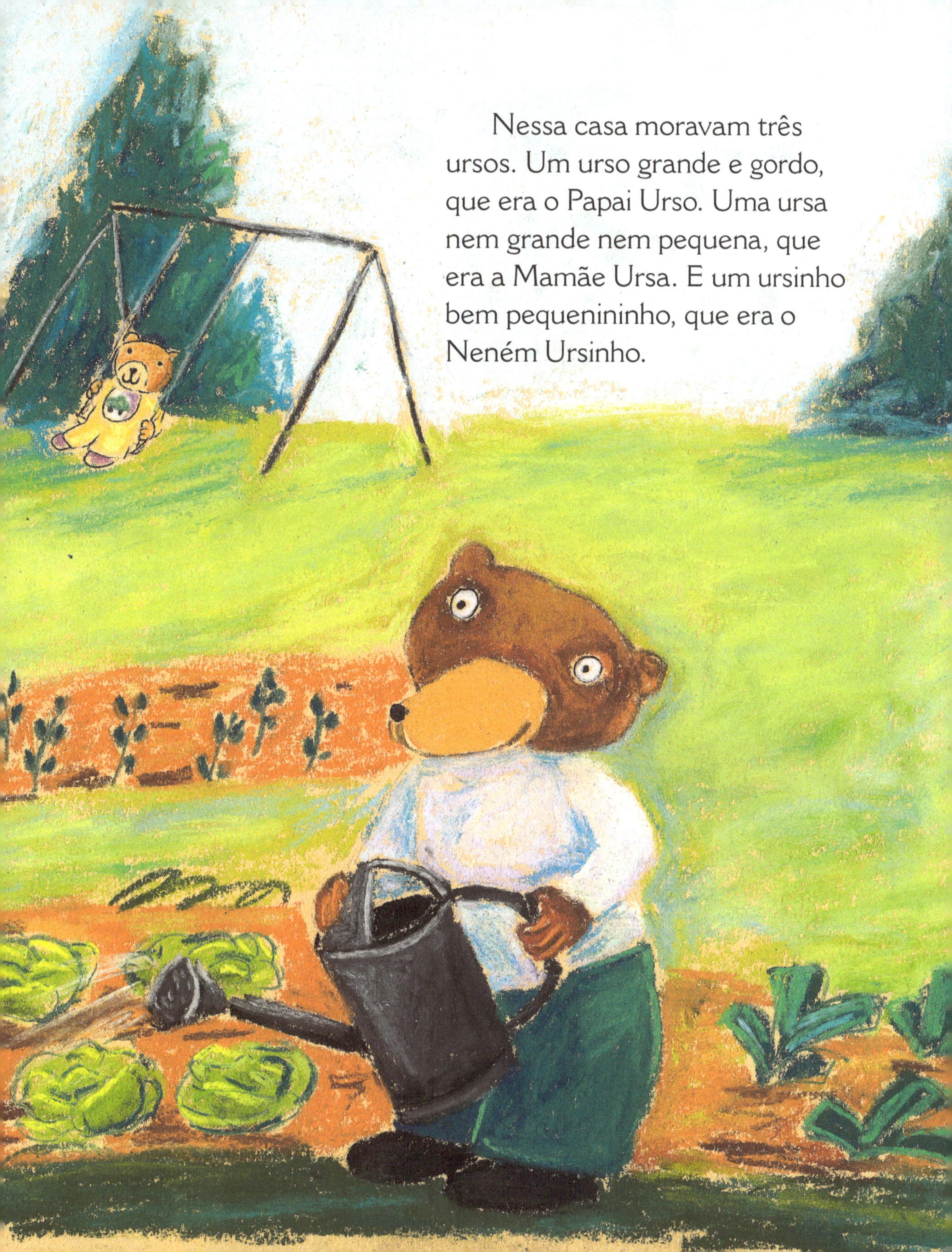

Nessa casa moravam três ursos. Um urso grande e gordo, que era o Papai Urso. Uma ursa nem grande nem pequena, que era a Mamãe Ursa. E um ursinho bem pequenininho, que era o Neném Ursinho.

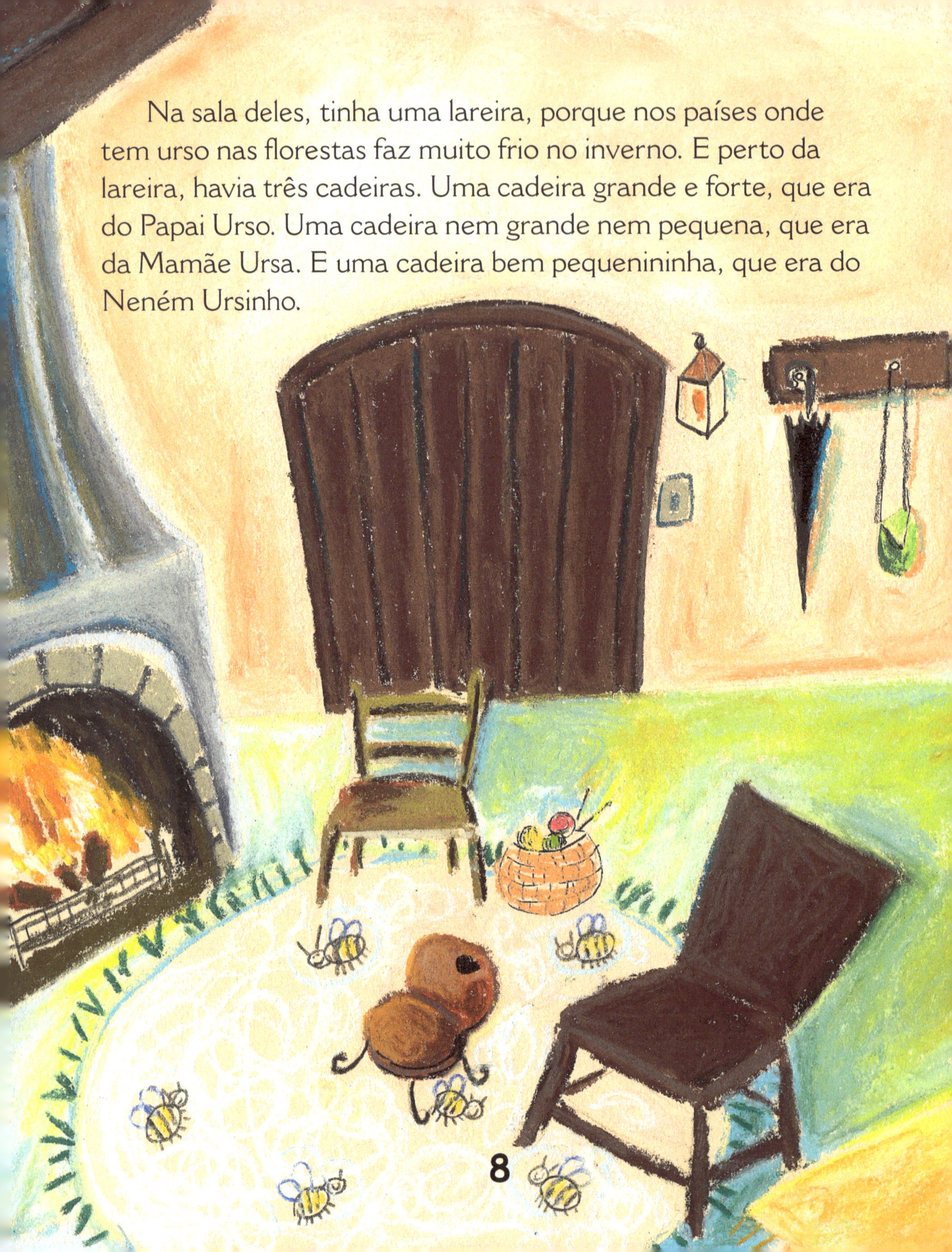

Na sala deles, tinha uma lareira, porque nos países onde tem urso nas florestas faz muito frio no inverno. E perto da lareira, havia três cadeiras. Uma cadeira grande e forte, que era do Papai Urso. Uma cadeira nem grande nem pequena, que era da Mamãe Ursa. E uma cadeira bem pequenininha, que era do Neném Ursinho.

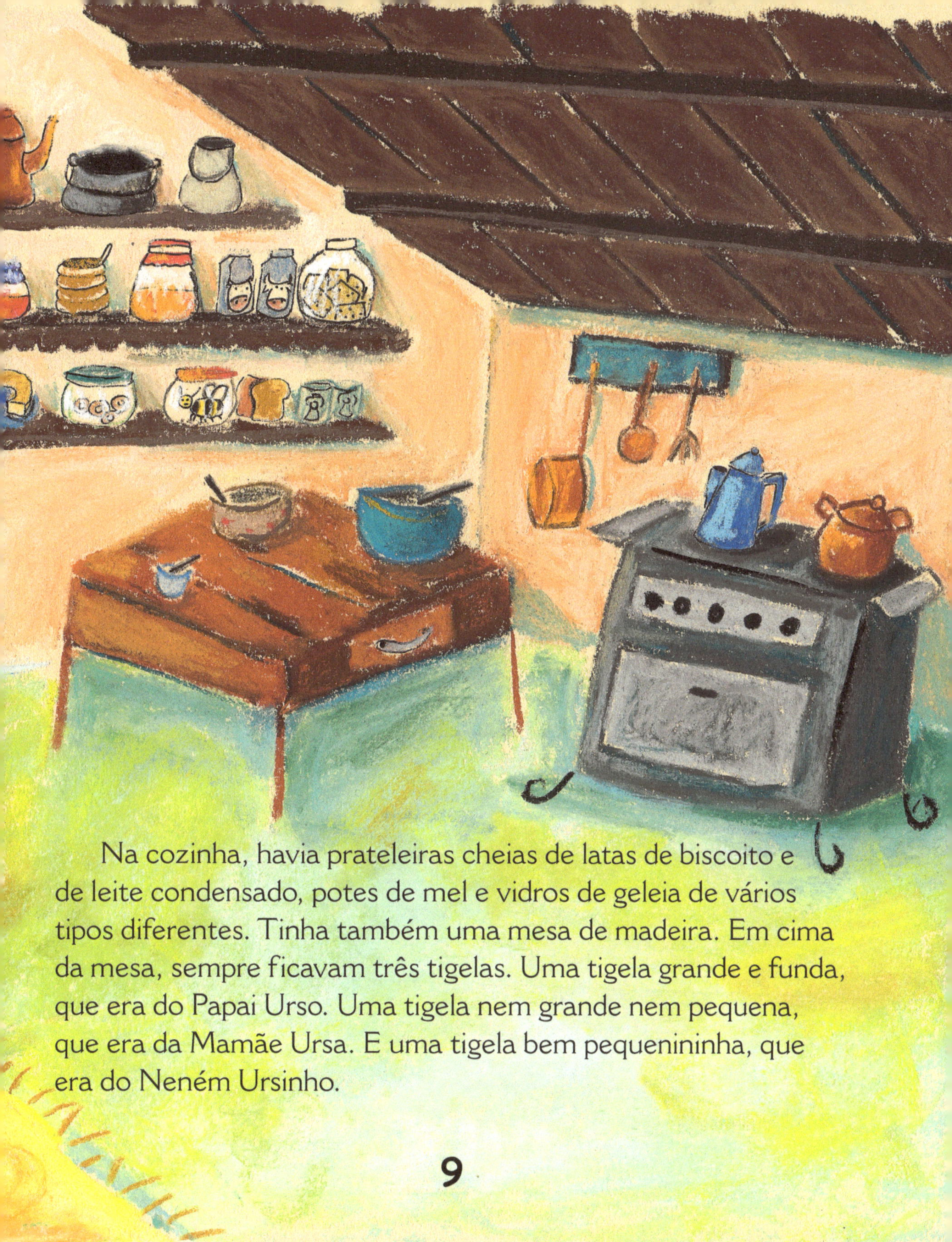

Na cozinha, havia prateleiras cheias de latas de biscoito e de leite condensado, potes de mel e vidros de geleia de vários tipos diferentes. Tinha também uma mesa de madeira. Em cima da mesa, sempre ficavam três tigelas. Uma tigela grande e funda, que era do Papai Urso. Uma tigela nem grande nem pequena, que era da Mamãe Ursa. E uma tigela bem pequenininha, que era do Neném Ursinho.

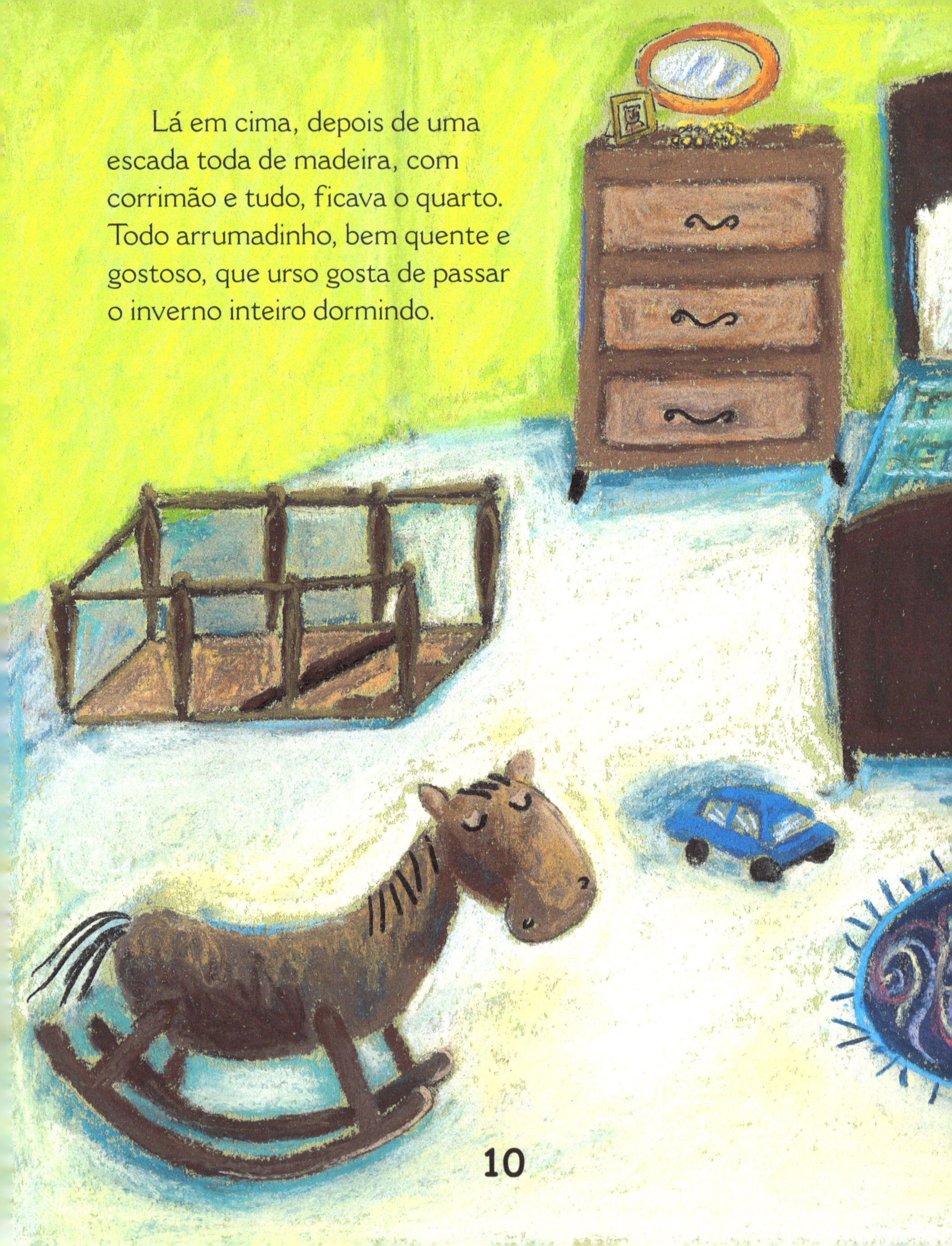

Lá em cima, depois de uma escada toda de madeira, com corrimão e tudo, ficava o quarto. Todo arrumadinho, bem quente e gostoso, que urso gosta de passar o inverno inteiro dormindo.

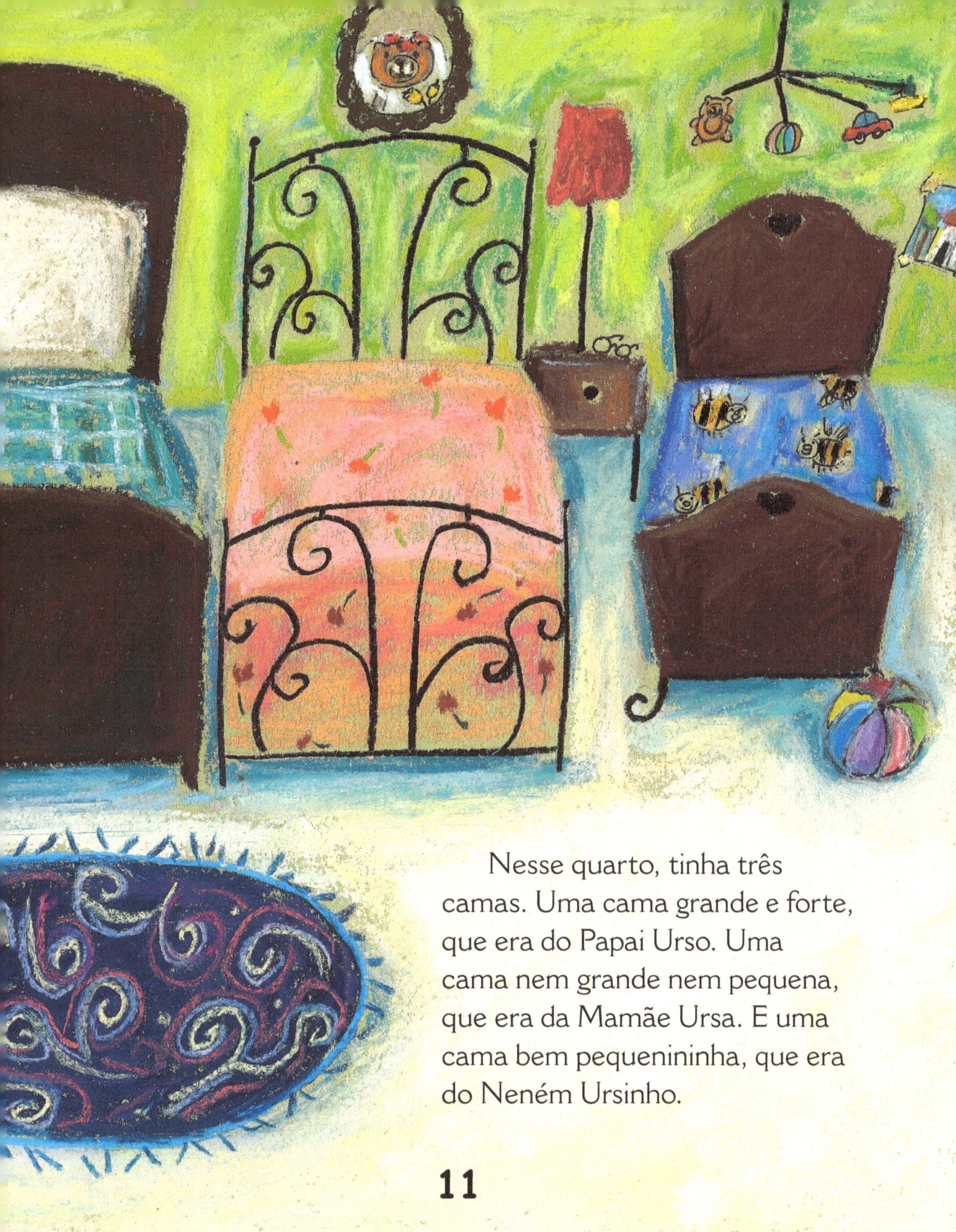

Nesse quarto, tinha três camas. Uma cama grande e forte, que era do Papai Urso. Uma cama nem grande nem pequena, que era da Mamãe Ursa. E uma cama bem pequenininha, que era do Neném Ursinho.

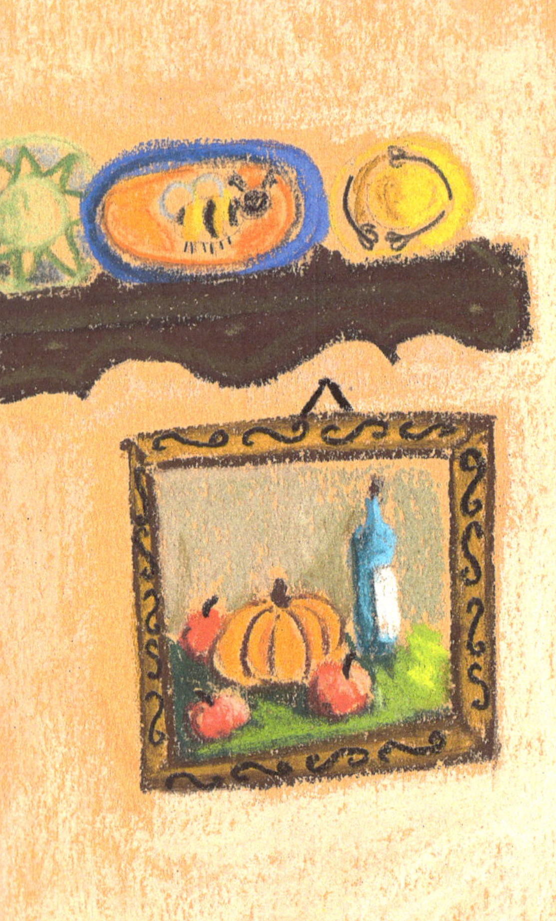
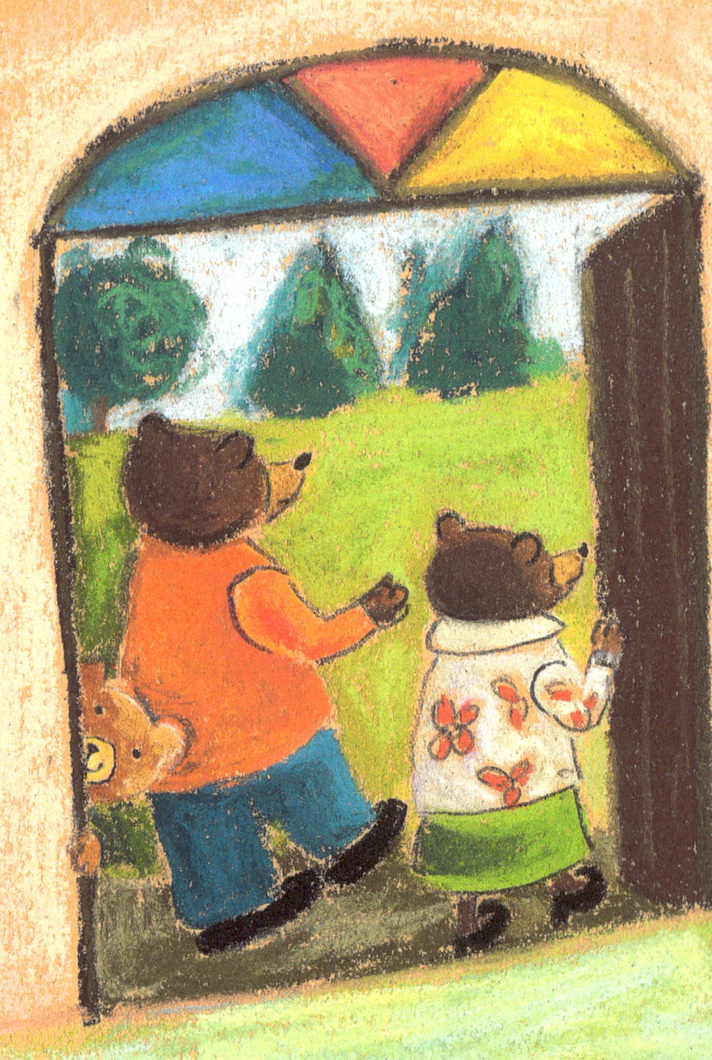

Um dia, a Mamãe Ursa fez um mingau para eles tomarem de manhã, como sempre fazia. Gostoso, cheiroso, com canela salpicada em cima.

Mas estava tão quente, tão quente, que eles iam pelar a língua se comessem logo.

Então resolveram ir dar um passeio pela floresta, enquanto o mingau esfriava.

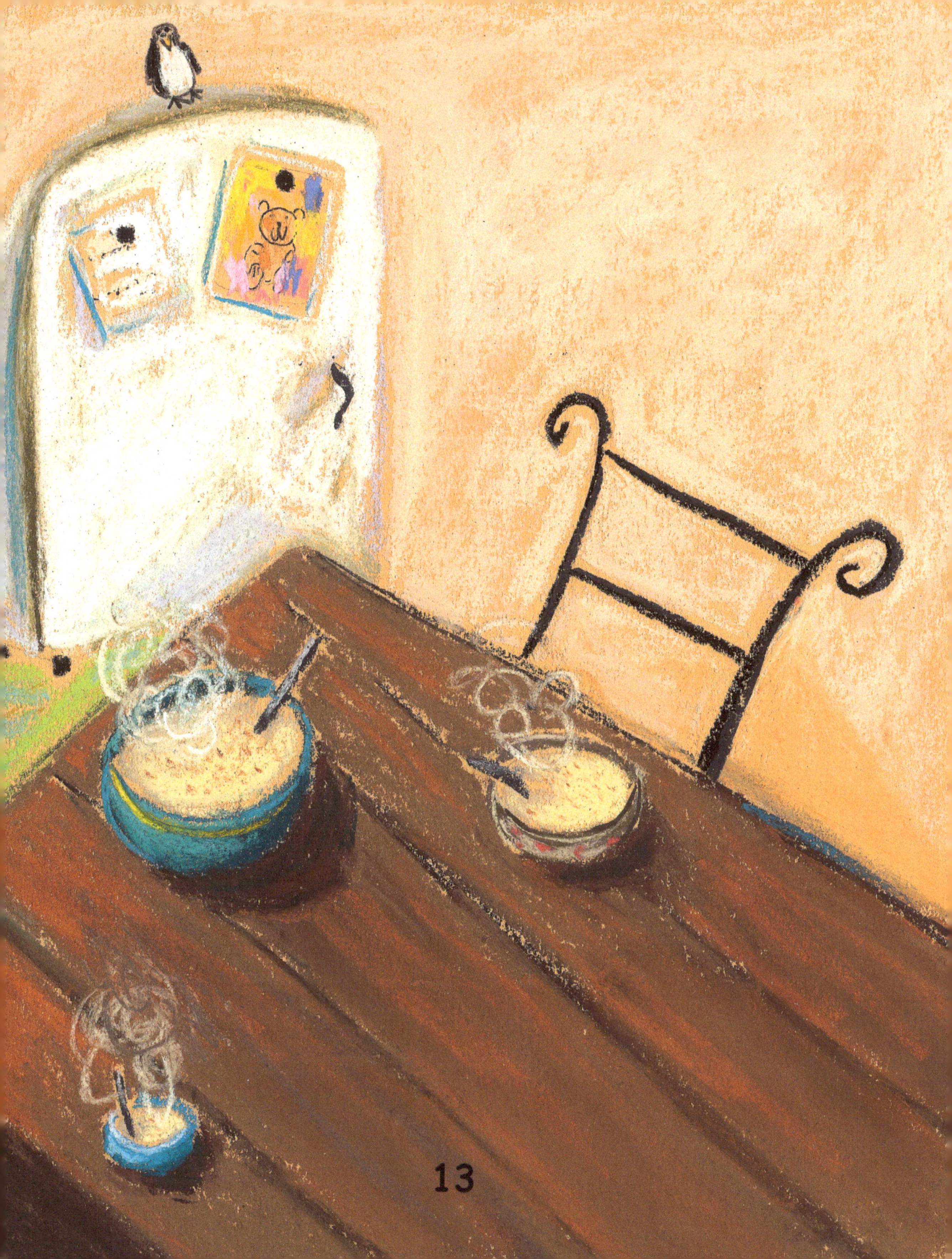

Acontece que, justamente naquele dia, Cachinhos de Ouro também resolveu dar um passeio pela floresta, depois que a mãe escovou os cabelos dela. E estava um dia tão lindo, tão cheio de flores, passarinhos e borboletas aproveitando o sol, tão cheio

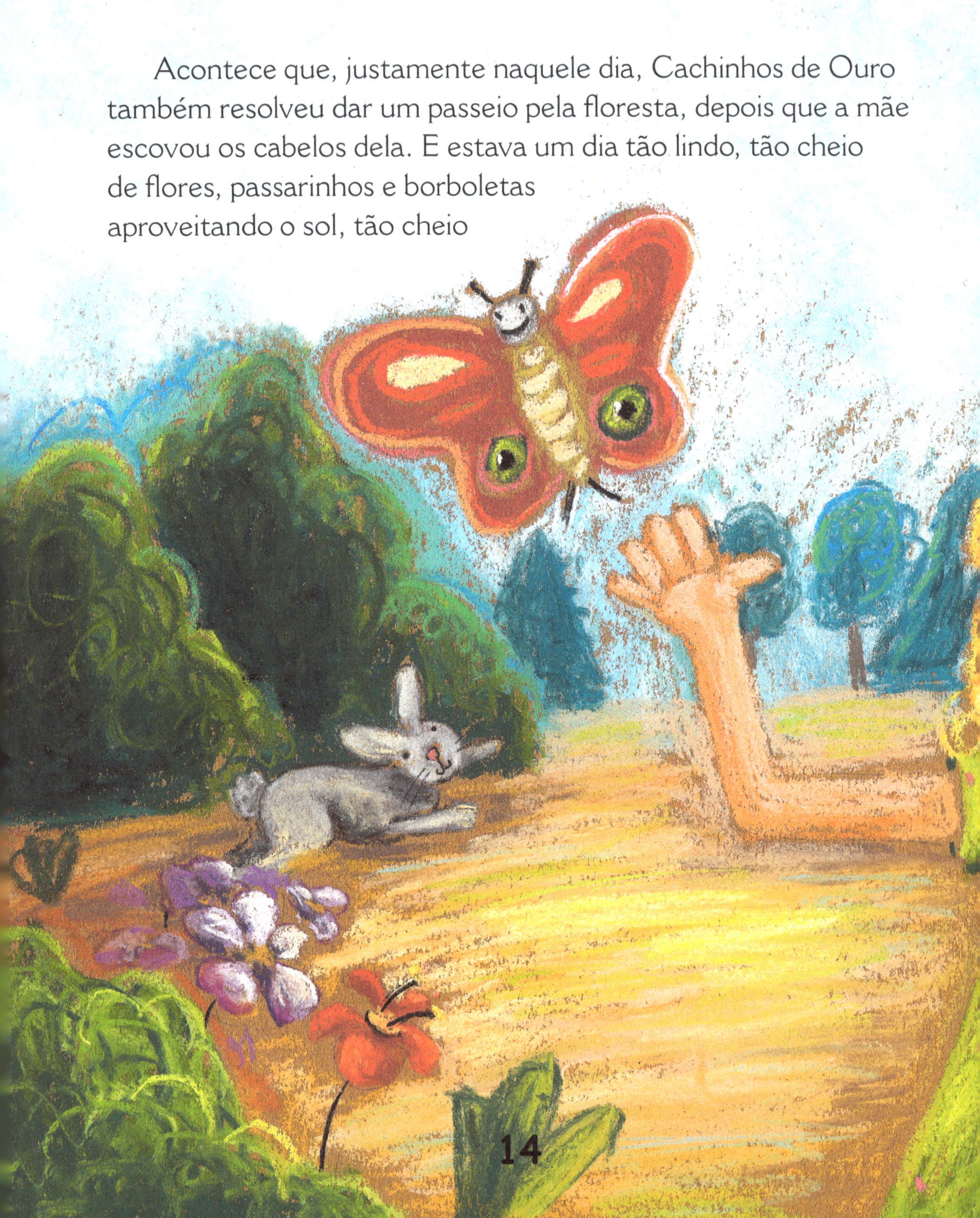

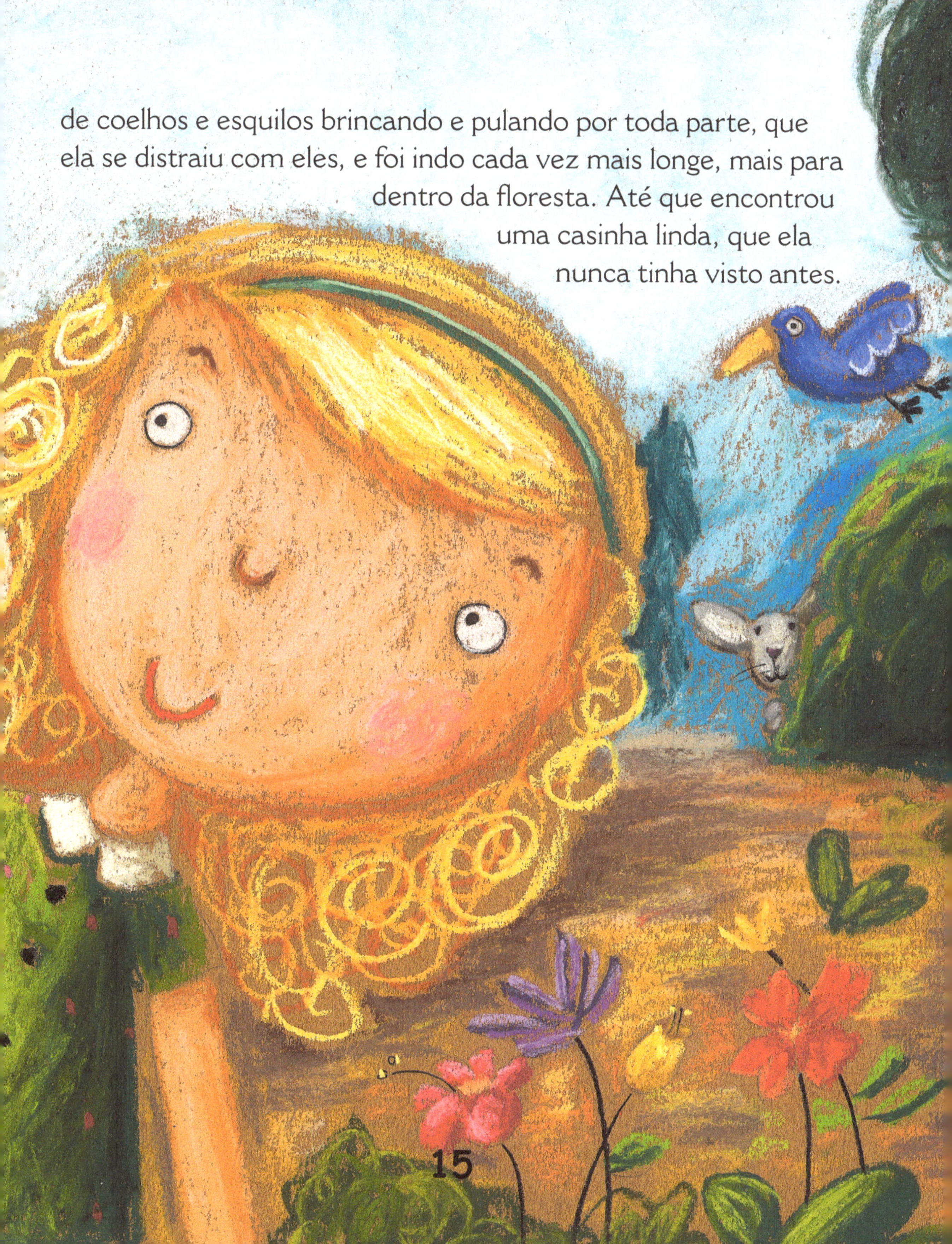

de coelhos e esquilos brincando e pulando por toda parte, que ela se distraiu com eles, e foi indo cada vez mais longe, mais para dentro da floresta. Até que encontrou uma casinha linda, que ela nunca tinha visto antes.

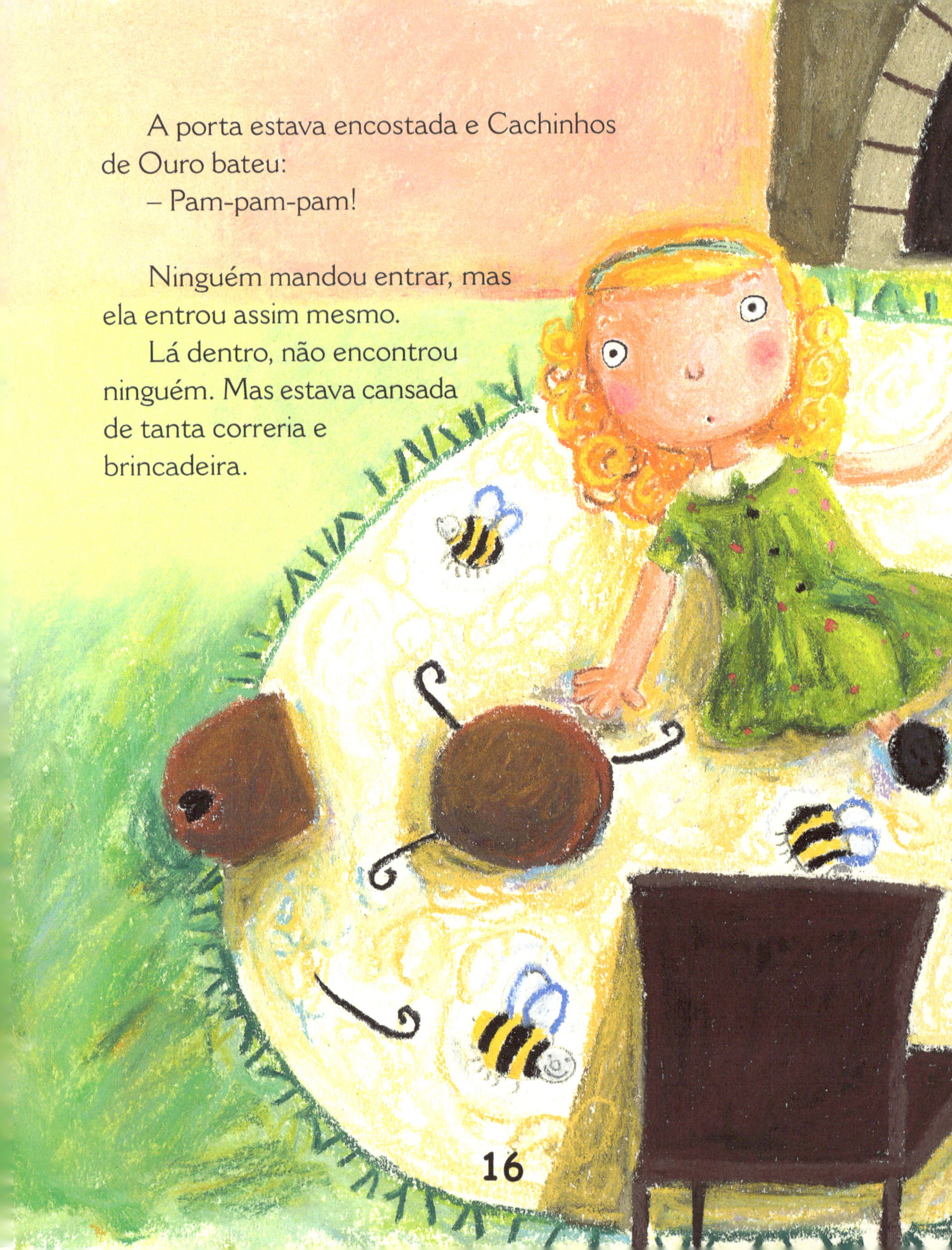

A porta estava encostada e Cachinhos de Ouro bateu:

– Pam-pam-pam!

Ninguém mandou entrar, mas ela entrou assim mesmo.

Lá dentro, não encontrou ninguém. Mas estava cansada de tanta correria e brincadeira.

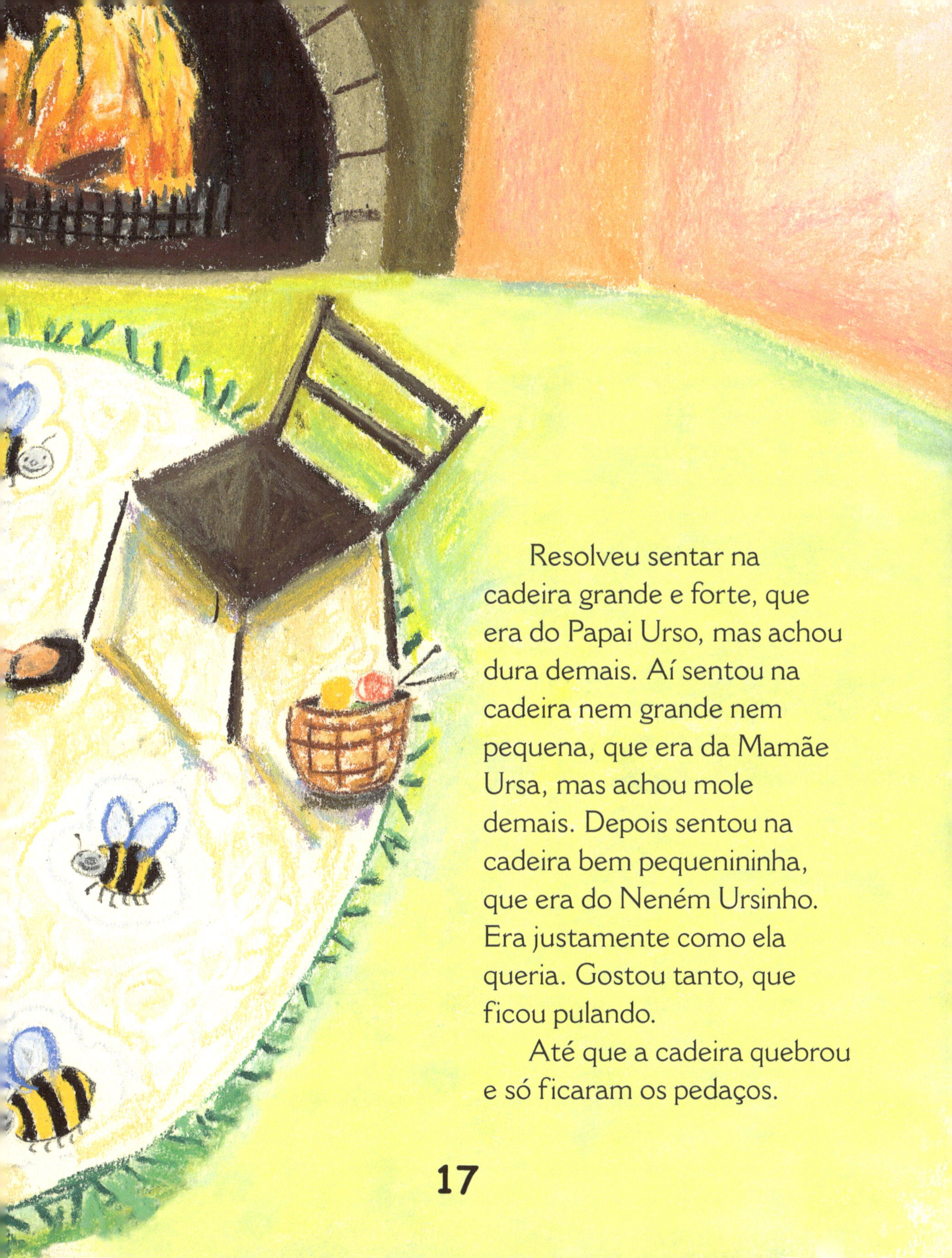

Resolveu sentar na cadeira grande e forte, que era do Papai Urso, mas achou dura demais. Aí sentou na cadeira nem grande nem pequena, que era da Mamãe Ursa, mas achou mole demais. Depois sentou na cadeira bem pequenininha, que era do Neném Ursinho. Era justamente como ela queria. Gostou tanto, que ficou pulando.

Até que a cadeira quebrou e só ficaram os pedaços.

Quando levantou do chão, Cachinhos de Ouro sentiu um cheirinho de alguma comida deliciosa. Ela já tinha tomado café, mas depois de passear na floresta estava com fome outra vez e já queria comer de novo. Foi até a mesa e descobriu o mingau.

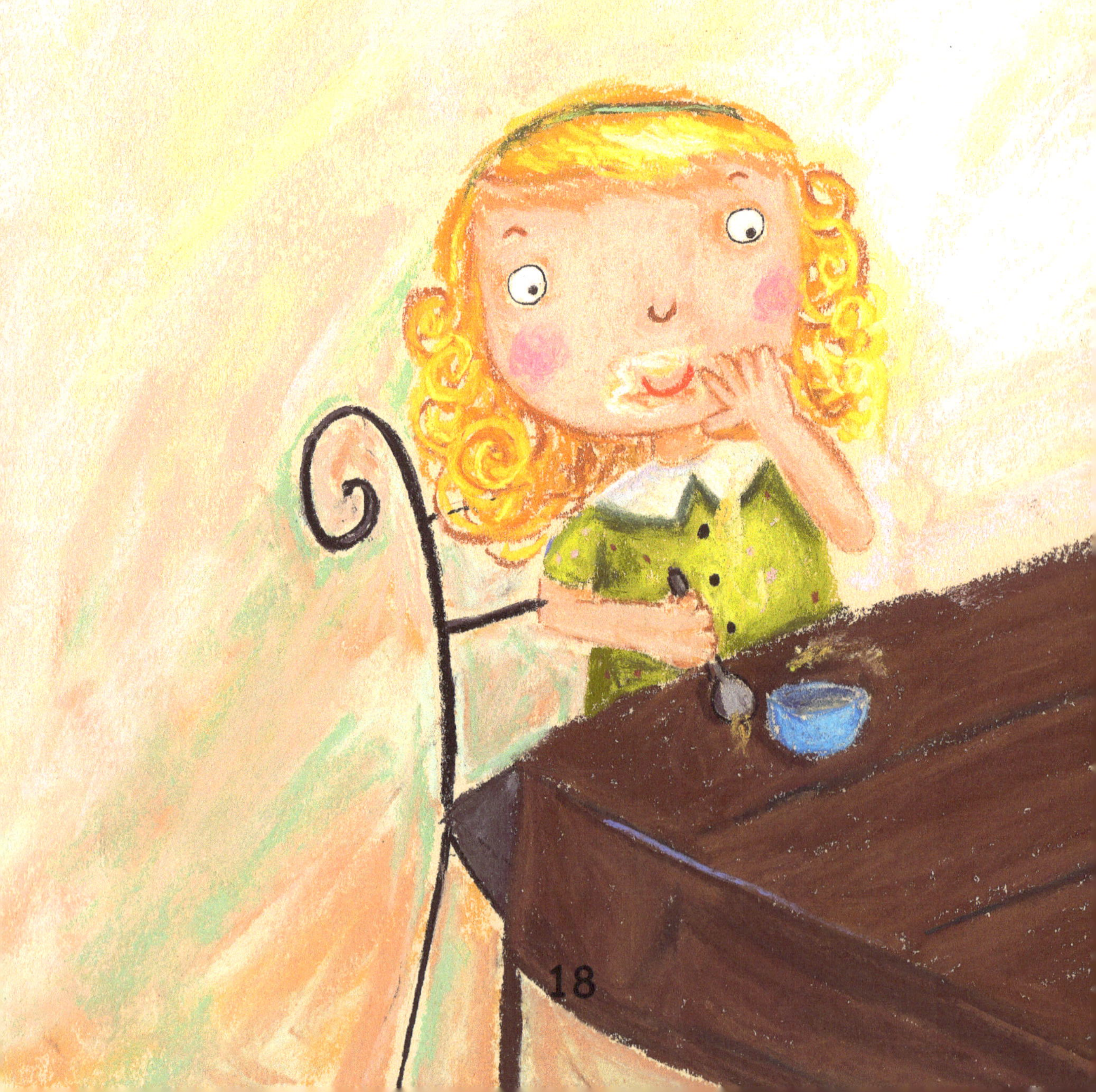

Provou o da tigela grande e funda, que era do Papai Urso, mas achou quente demais. Provou o da tigela nem grande nem pequena, que era da Mamãe Ursa, mas achou frio demais. Depois provou o da tigela bem pequenininha, que era do Neném Ursinho. Era justamente como ela queria. Gostou tanto, que foi comendo.

Até que acabou tudo e só ficou a tigela vazia.

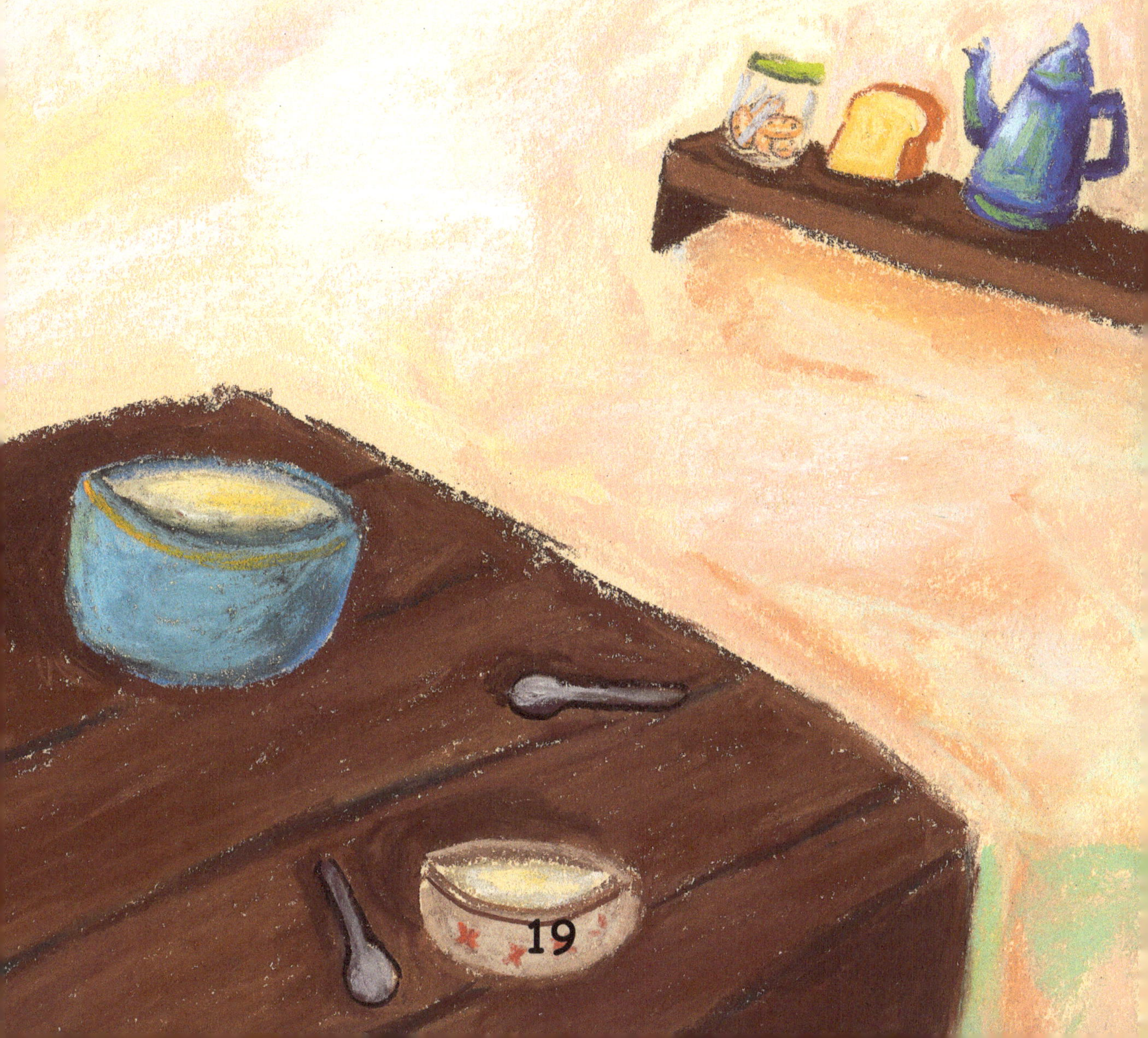

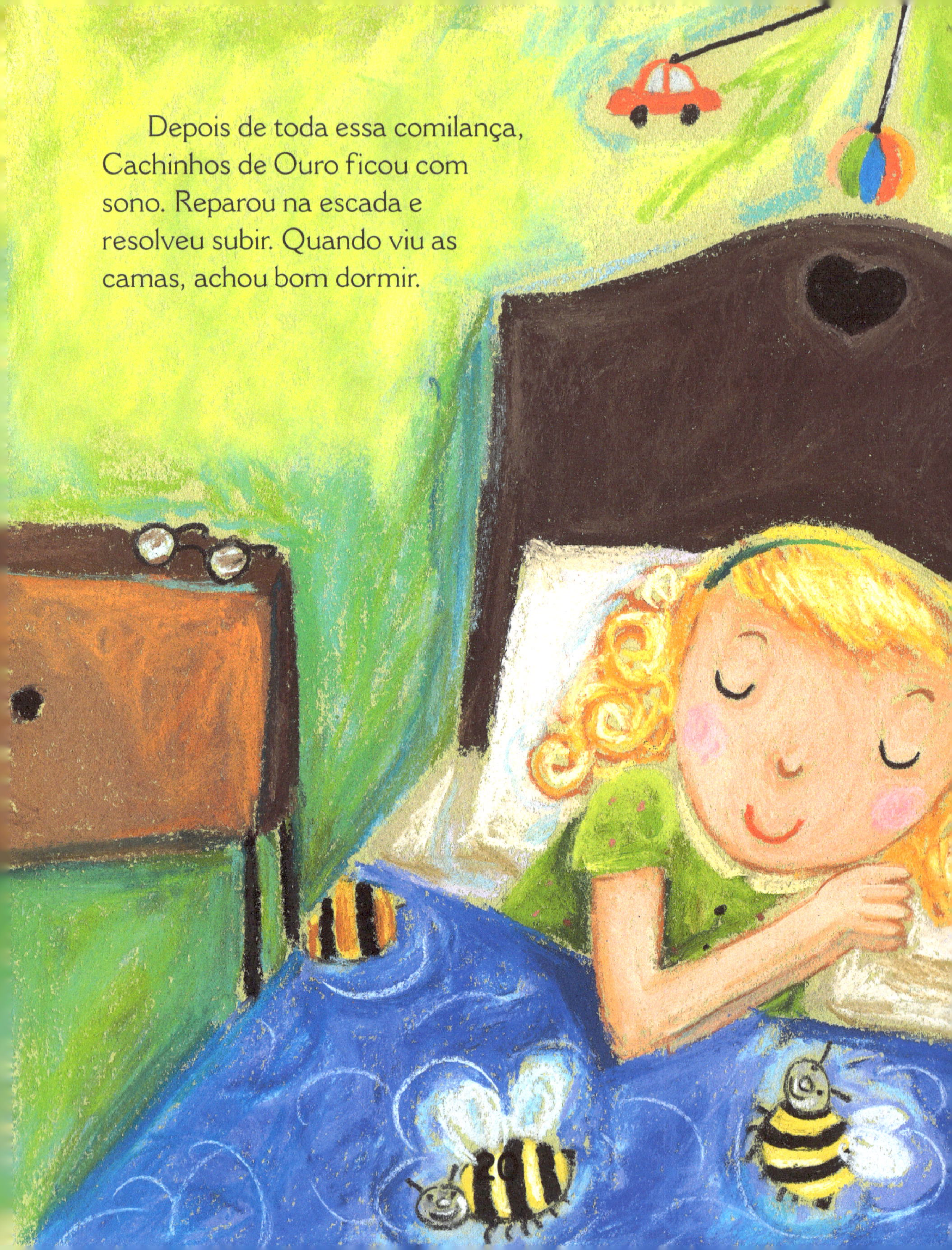

Depois de toda essa comilança, Cachinhos de Ouro ficou com sono. Reparou na escada e resolveu subir. Quando viu as camas, achou bom dormir.

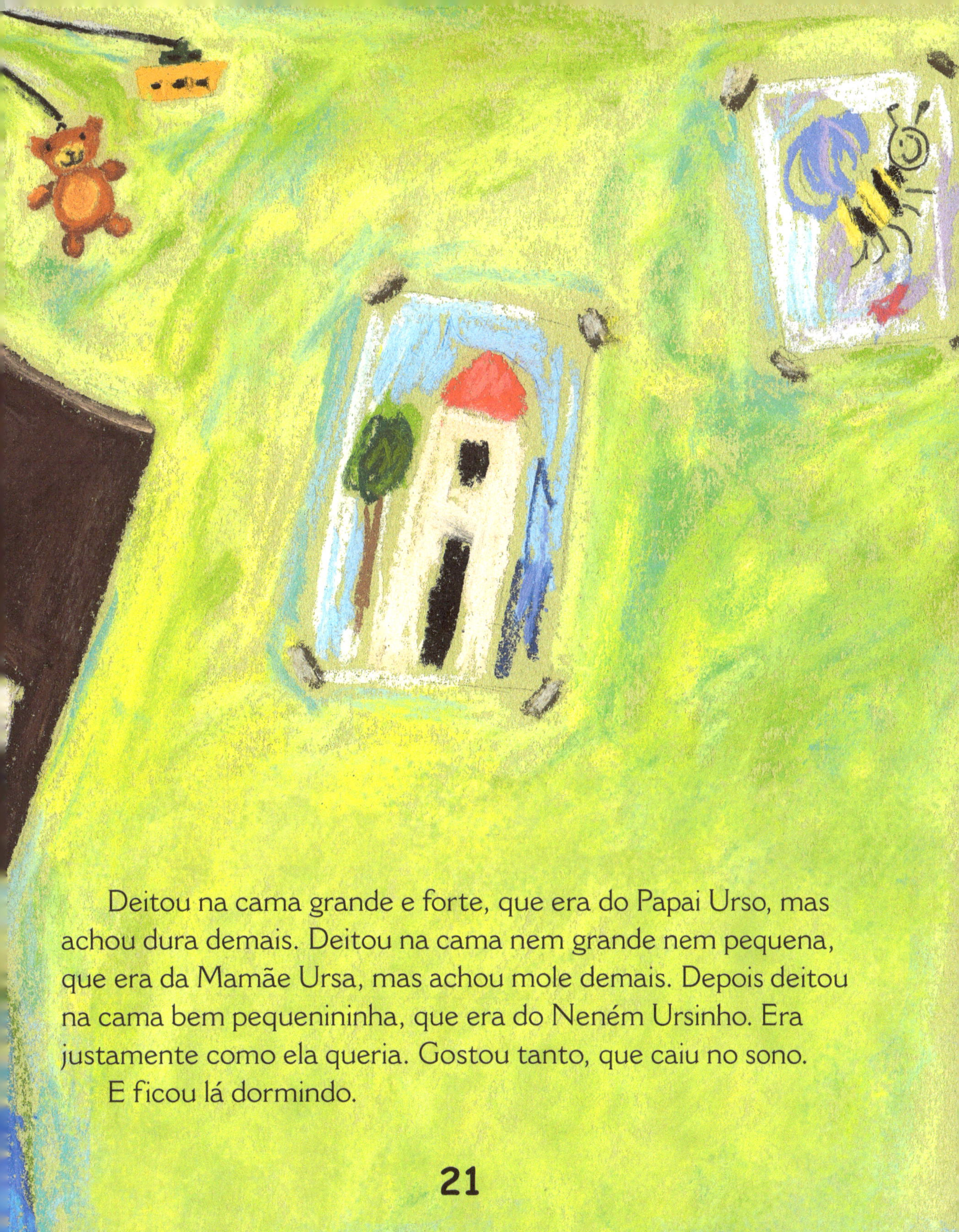

Deitou na cama grande e forte, que era do Papai Urso, mas achou dura demais. Deitou na cama nem grande nem pequena, que era da Mamãe Ursa, mas achou mole demais. Depois deitou na cama bem pequenininha, que era do Neném Ursinho. Era justamente como ela queria. Gostou tanto, que caiu no sono.

E ficou lá dormindo.

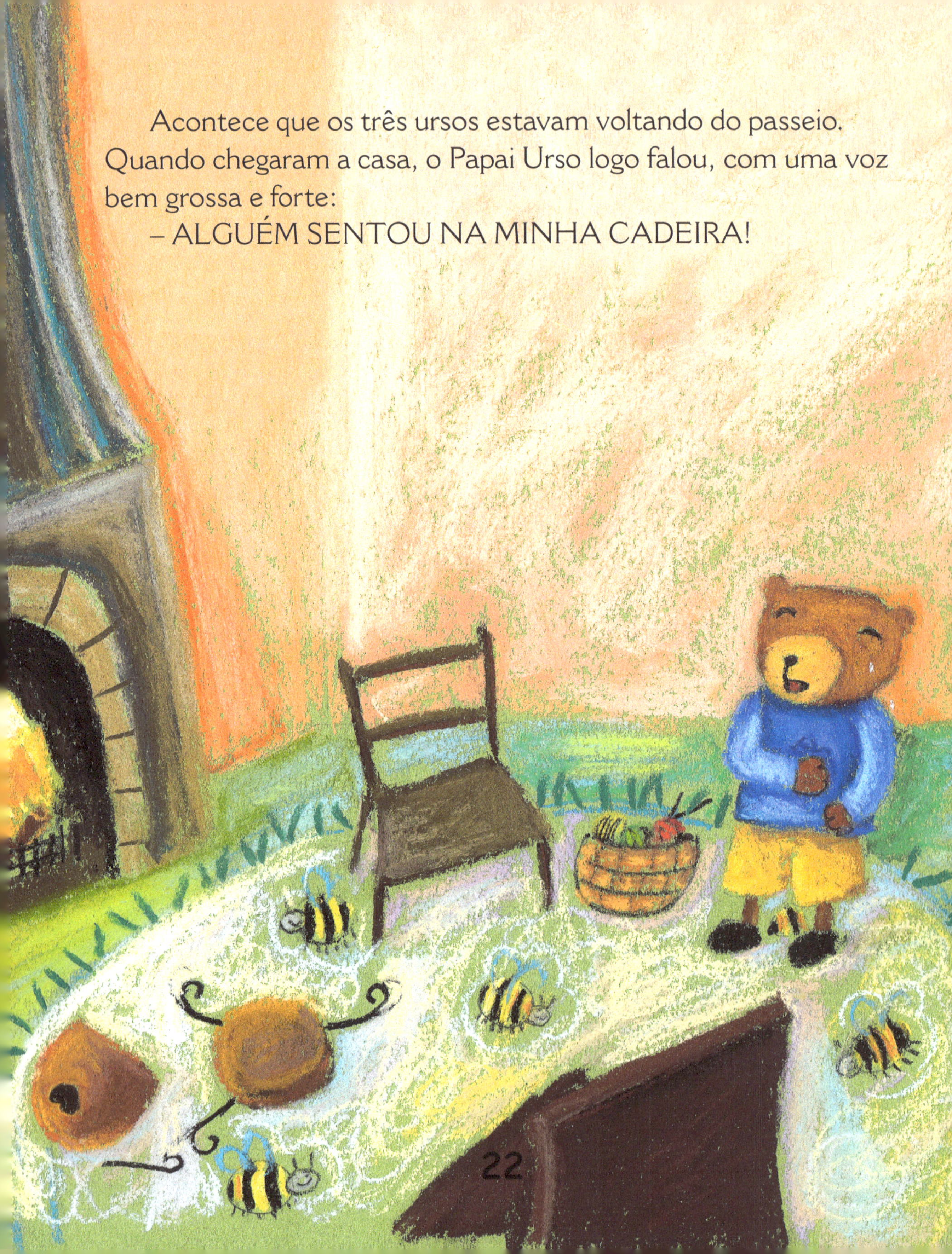

Acontece que os três ursos estavam voltando do passeio. Quando chegaram a casa, o Papai Urso logo falou, com uma voz bem grossa e forte:

– ALGUÉM SENTOU NA MINHA CADEIRA!

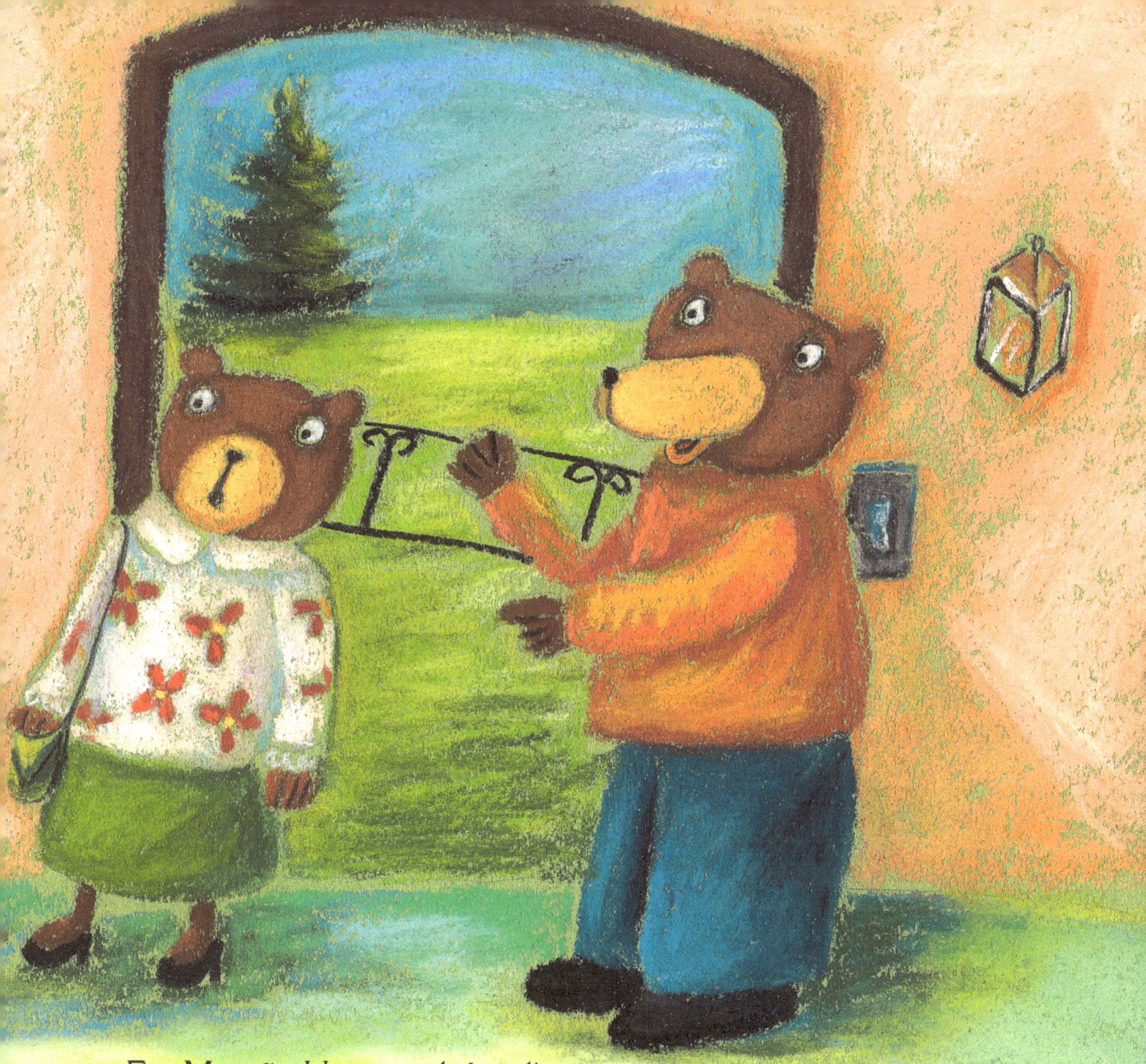

E a Mamãe Ursa também disse, com uma voz nem grossa nem fina:

– Alguém sentou na minha cadeira!

Mas o Neném Ursinho começou a chorar, com uma voz bem fininha:

– Alguém sentou na minha cadeira e quebrou ela todinha!

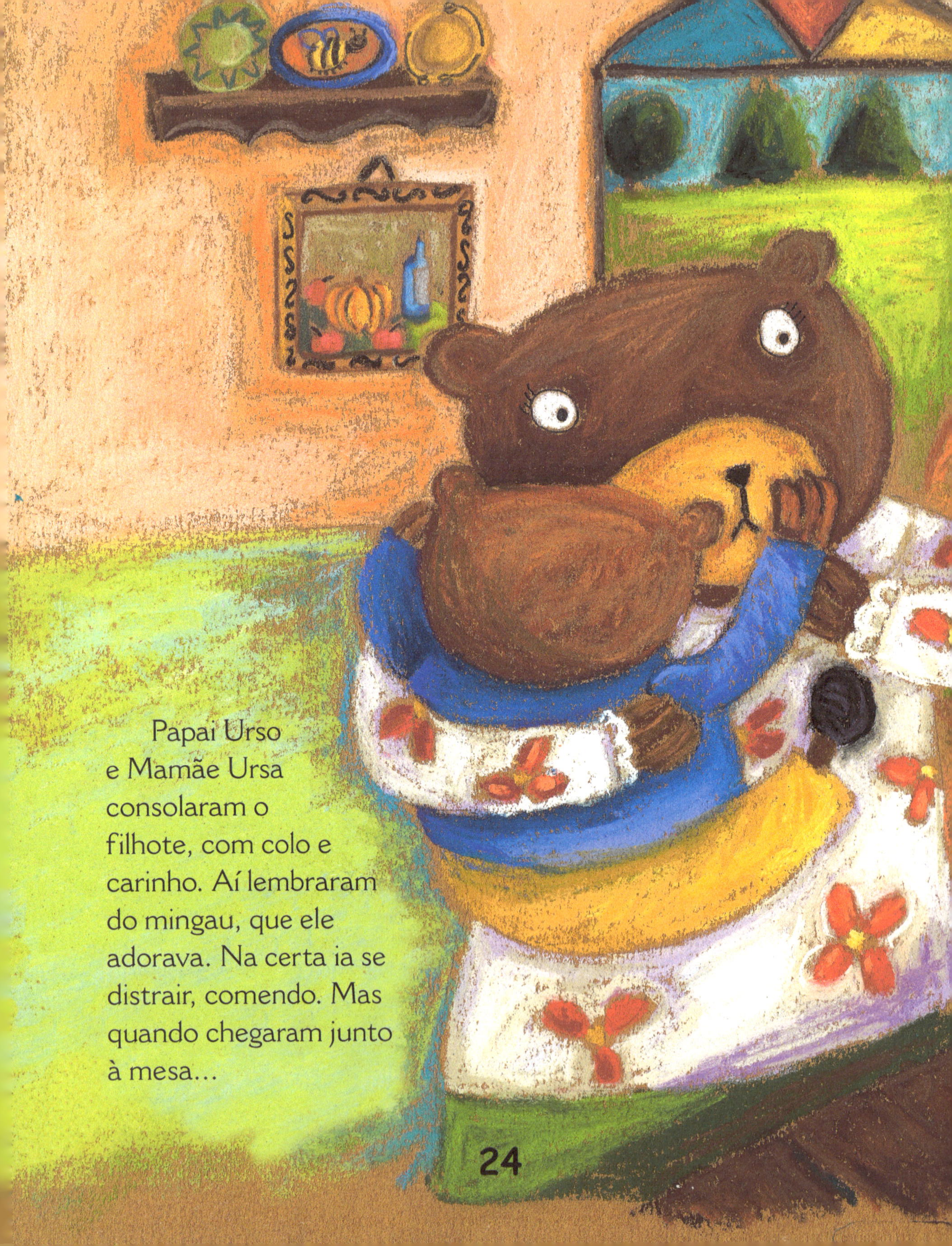

Papai Urso e Mamãe Ursa consolaram o filhote, com colo e carinho. Aí lembraram do mingau, que ele adorava. Na certa ia se distrair, comendo. Mas quando chegaram junto à mesa...

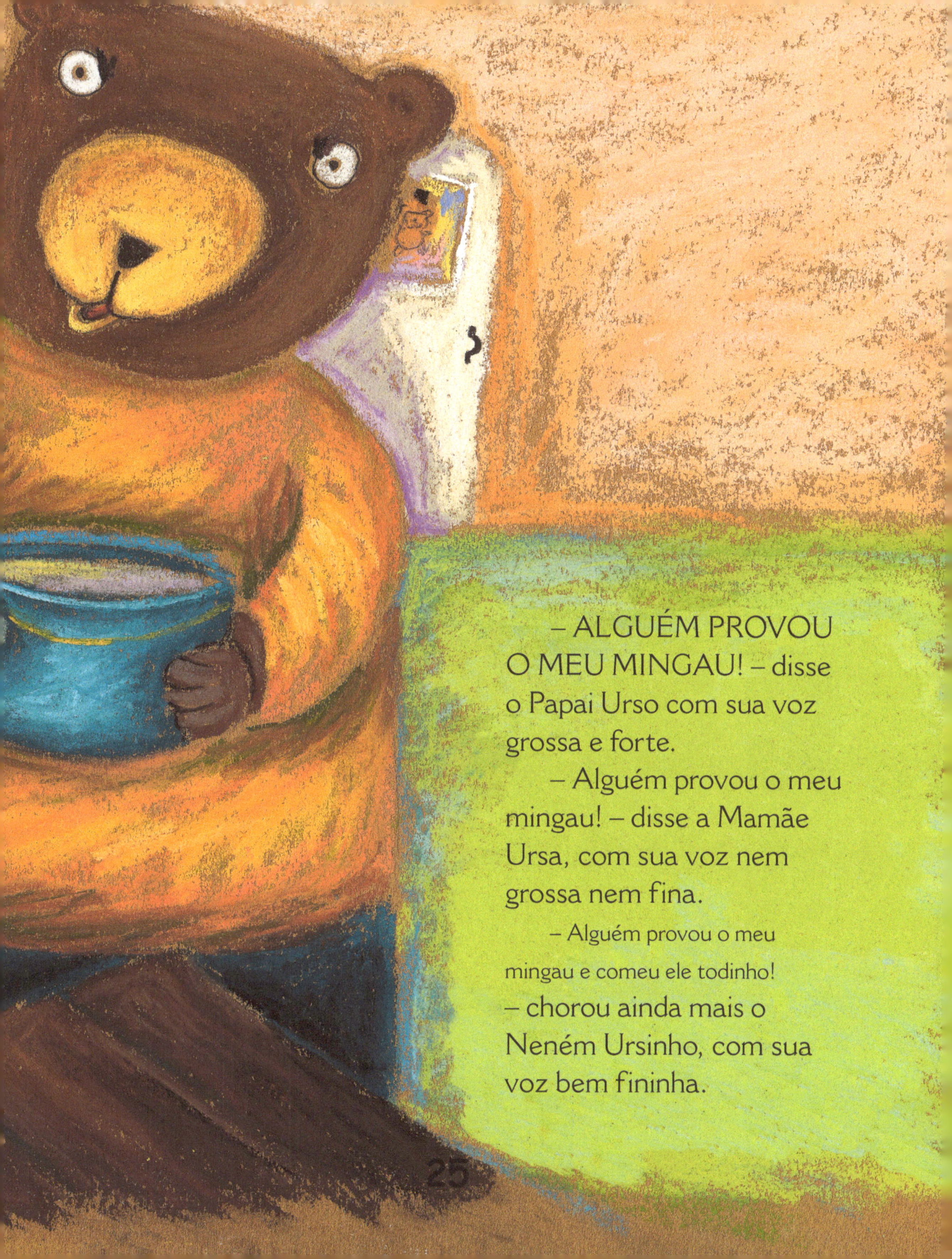

– ALGUÉM PROVOU O MEU MINGAU! – disse o Papai Urso com sua voz grossa e forte.

– Alguém provou o meu mingau! – disse a Mamãe Ursa, com sua voz nem grossa nem fina.

– Alguém provou o meu mingau e comeu ele todinho! – chorou ainda mais o Neném Ursinho, com sua voz bem fininha.

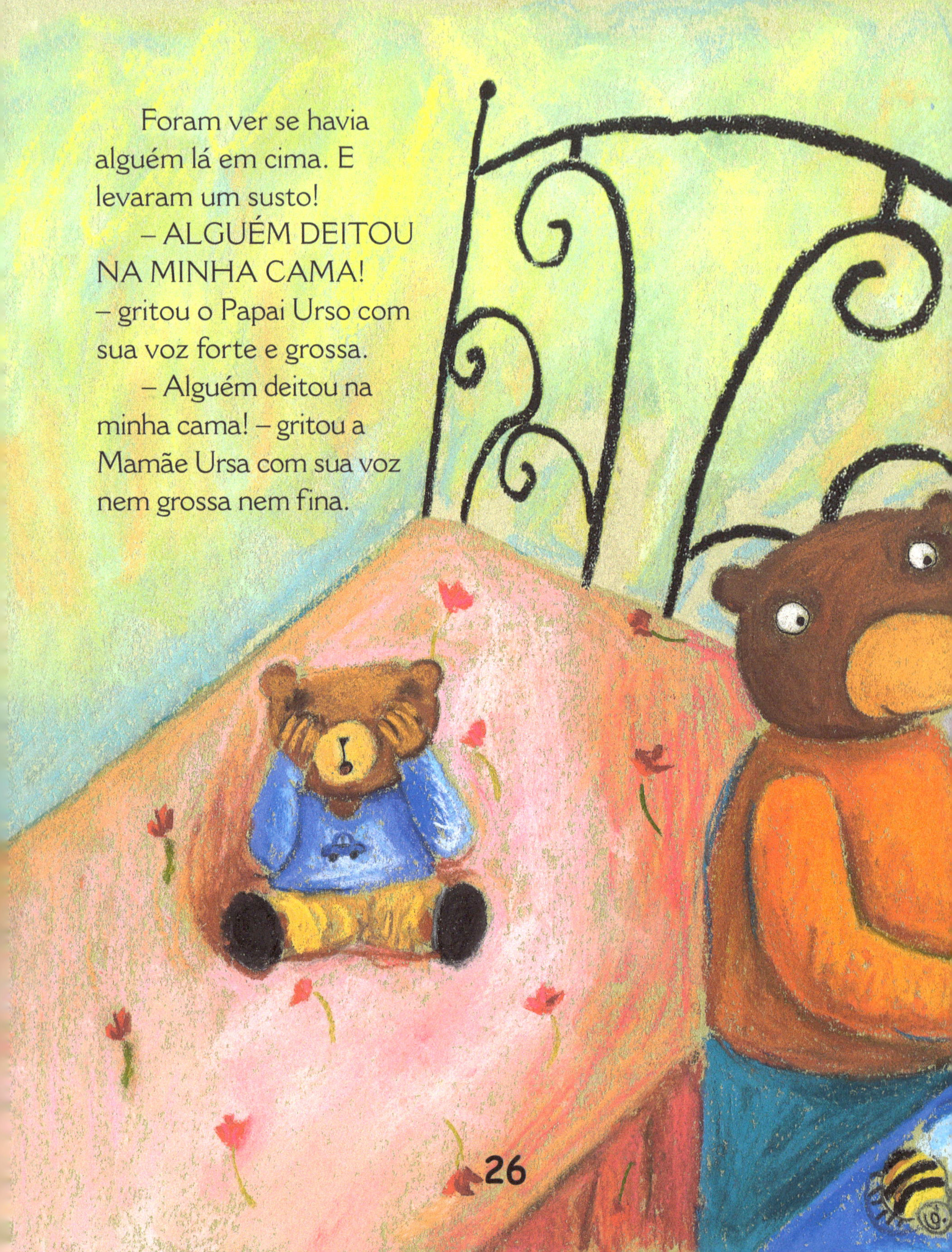

Foram ver se havia alguém lá em cima. E levaram um susto!

– ALGUÉM DEITOU NA MINHA CAMA! – gritou o Papai Urso com sua voz forte e grossa.

– Alguém deitou na minha cama! – gritou a Mamãe Ursa com sua voz nem grossa nem fina.

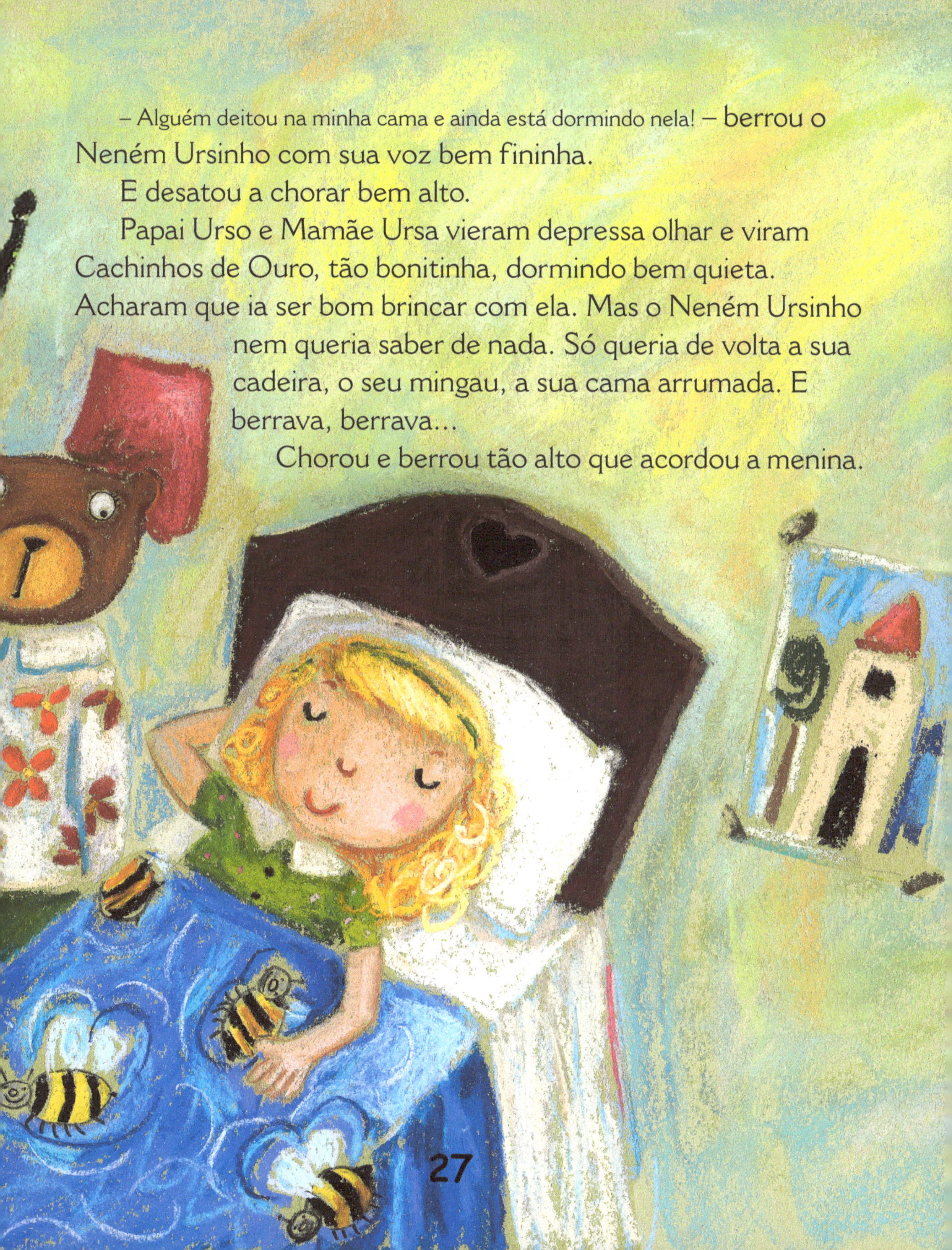

– Alguém deitou na minha cama e ainda está dormindo nela! – berrou o Neném Ursinho com sua voz bem fininha.

E desatou a chorar bem alto.

Papai Urso e Mamãe Ursa vieram depressa olhar e viram Cachinhos de Ouro, tão bonitinha, dormindo bem quieta. Acharam que ia ser bom brincar com ela. Mas o Neném Ursinho nem queria saber de nada. Só queria de volta a sua cadeira, o seu mingau, a sua cama arrumada. E berrava, berrava...

Chorou e berrou tão alto que acordou a menina.

Cachinhos de Ouro abriu os olhos e levou um susto enorme com aqueles três ursos olhando para ela. Deu um pulo da cama, passou pelo meio das pernas grandes e fortes do Papai Urso, rodeou a saia nem grande nem pequena da Mamãe Ursa e esbarrou no ombro pequenininho do Neném Ursinho, que caiu no chão.

E, enquanto os pais dele se distraíram consolando o filhote, ela escorregou pelo corrimão da escada, saiu pela porta aberta e lá se foi correndo pela floresta.

Os ursos ainda correram para a janela e chamaram:

– Volta, menina, volta! Vem brincar com a gente!

Mas o susto dela tinha sido tão grande que desde esse dia ela só quis saber de ficar no quintal, na praça e brincar com gente.

E não voltou à casa dos ursos nunca mais.

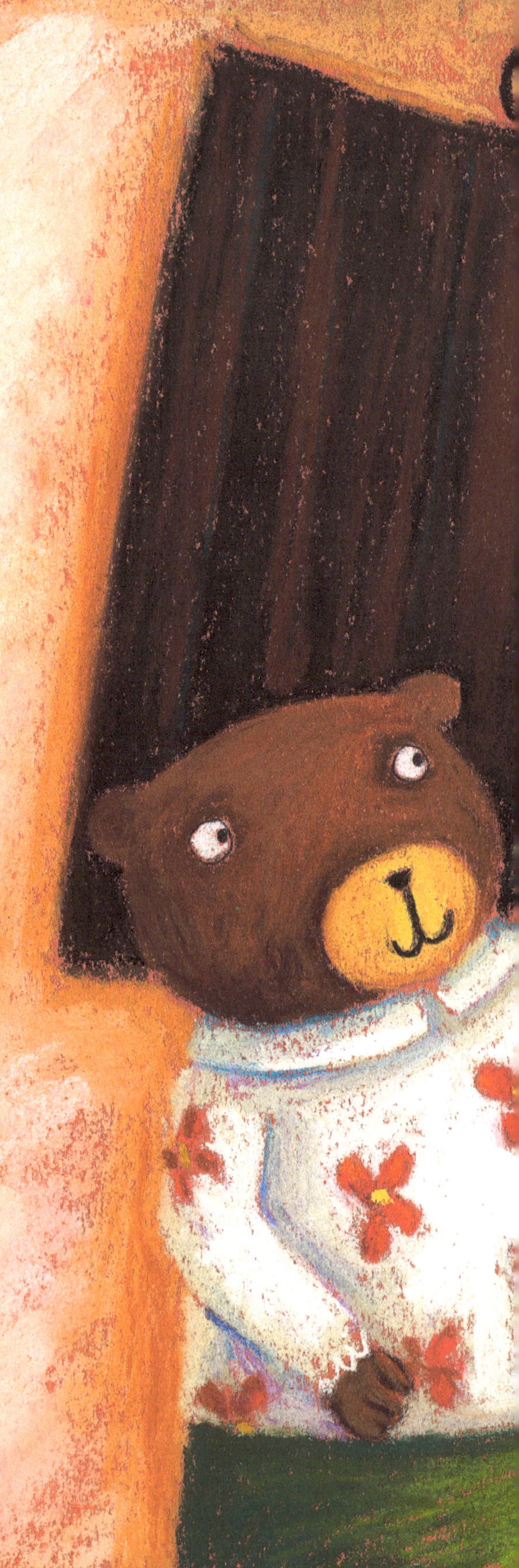

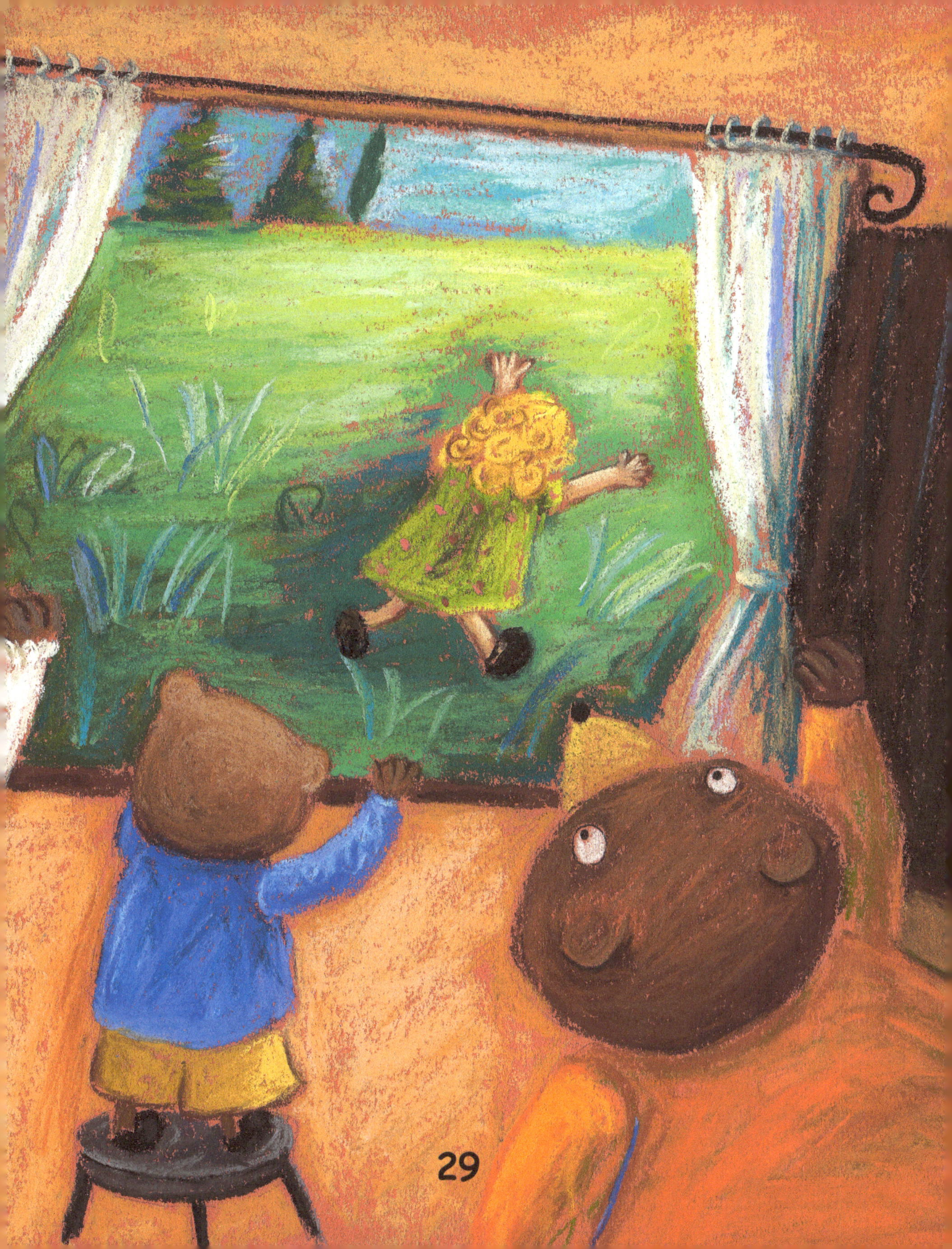

Quem é
Ana Maria Machado

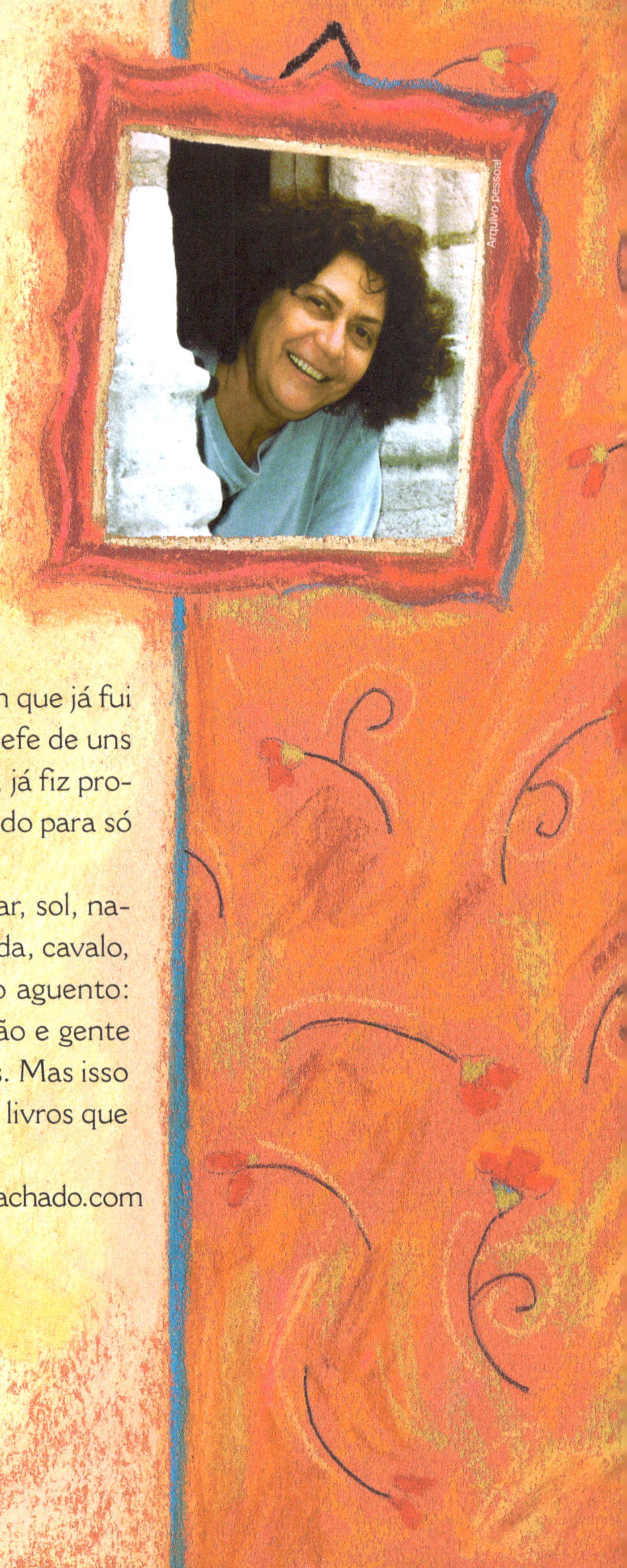

Meu nome é Ana Maria Machado e eu vivo inventando histórias. Algumas delas, eu escrevo. E dessas que eu escrevo, algumas andam virando livros. Em sua maioria, livros infantis, quer dizer, livro que criança também pode ler. Adoro meu trabalho. Ainda bem, porque acho que não ia conseguir viver se não escrevesse. Tanto assim que já fui professora, já fui jornalista (já fui chefe de uns trinta jornalistas ao mesmo tempo), já fiz programa de rádio e acabei largando tudo para só viver de livro.

Coisas de que gosto: gente, mar, sol, natureza em geral, música, fruta, salada, cavalo, dançar, carinho. Coisas que eu não aguento: qualquer forma de injustiça ou prisão e gente que quer cortar a alegria dos outros. Mas isso nem precisava dizer – é só ler meus livros que todo mundo fica sabendo.

Site da autora: www.anamariamachado.com

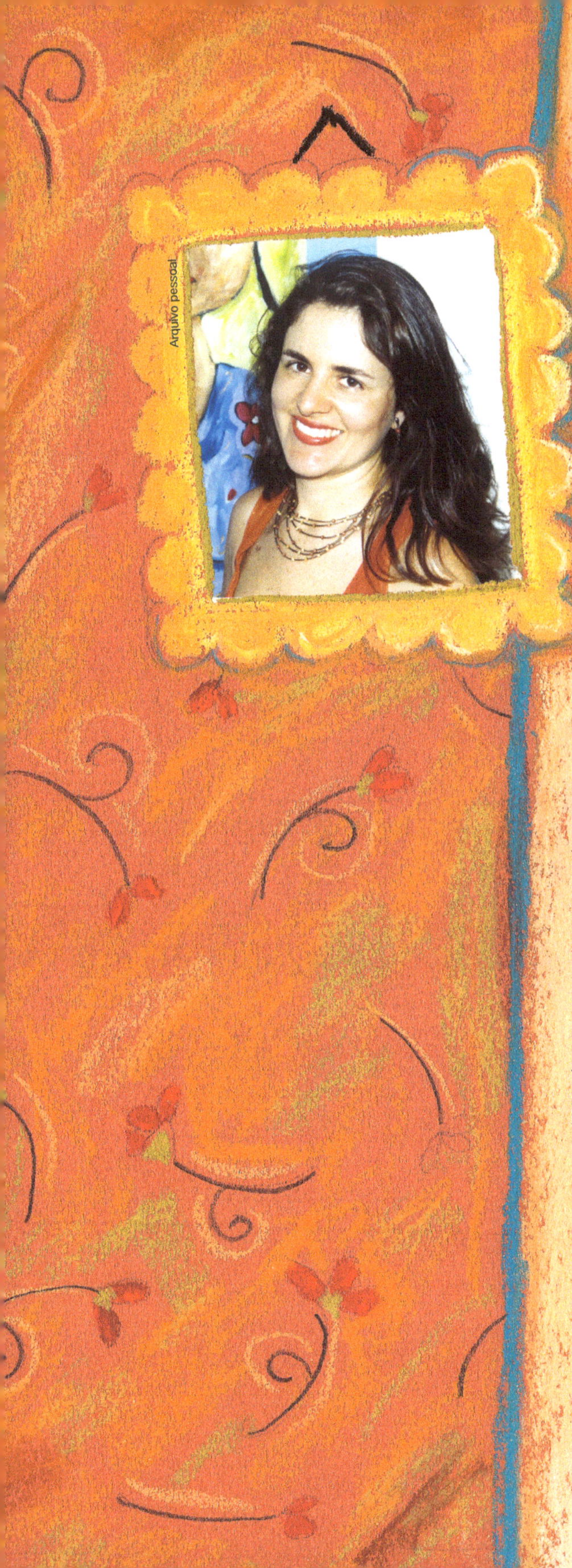

Quem é
Ellen Pestili

Sou médica de bichos, de formação. Desde muito pequena já gostava de curar sarna de cachorro, tratar de gato machucado e passar as férias na fazenda de vacas do meu tio Zé. Mas também amava desenhar e ficava horas numa mesinha de centro da sala da minha casa inventando e pintando personagens. Eu tinha uma tia-avó, a tia Jandira, que era artista, e eu adorava ir à casa dela admirar o que ela fazia.

Quando me formei veterinária, fui morar no Canadá e lá fiz escola de artes. Ilustrar livros foi a realização de um sonho.

Faltou contar que no meio de tudo isso me casei e tive um filho, Gabriel, a fonte de inspiração para tudo que faço hoje.

EDITORA FTD S.A.
Matriz: Rua Rui Barbosa, 156 (Bela Vista) São Paulo – SP – CEP 01326-010
Tel. (0xx11) 3253-5011 – Fax (0xx11) 3284-8500 r. 282 – Caixa Postal 65149 – CEP da Caixa Postal 01390-970
Internet: http://www.ftd.com.br – E-mail: projetos@ftd.com.br

Gerente editorial Ceciliany Alves • **Editora** Dulcy Grisolia • **Editor assistente** Luís Camargo • **Preparadores e revisores de texto** Adolfo José Facchini, Elvira Rocha, Jane dos Santos Coelho Taniguchi, Maria Clara Barcellos Fontanella • **Editora de arte** Andreia Lopes Crema • **Projeto gráfico (capa e miolo)** Edgar Sgai • **Ilustradora** Ellen Pestili • **Diagramador** Fabiano dos Santos Mariano • **Assistente editorial** Lilia Pires • **Digitadora** Maria Lamano
Editoração eletrônica *Finalização Andréa Wolff Gowdak Noto, Eziquiel Rachetti, Isabel Cristina Corandin Marques e Vânia Aparecida Maia de Oliveira*
Coordenação Carlos Rizzi e Reginaldo Soares Damasceno

Dados Internacionais de Catalogação na Publicação (CIP)
(Câmara Brasileira do Livro, SP, Brasil)

Machado, Ana Maria
Cachinhos de ouro / recontado por Ana Maria Machado ; ilustrações de Ellen Pestili. — Ed. renov. — São Paulo : FTD, 2004. — (Coleção lê pra mim)
1. Literatura infantojuvenil I. Pestili, Ellen. II. Título. III. Série.

04-1050 CDD-028.5

Índices para catálogo sistemático:
1. Literatura infantil 028.5
2. Literatura infantojuvenil 028.5

www.ingramcontent.com/pod-product-compliance
Lightning Source LLC
LaVergne TN
LVHW070154230826
846093LV00003B/25

9788532252043